dumont taschenbücher

Hermann Bauer (* 1929) promovierte 1955 über die ›Rocaille‹ (Berlin 1962). 1959–64 Assistent bei Hans Sedlmayr am Kunsthistorischen Institut der Universität München; seit 1974 dort Ordinarius für Mittlere und Neuere Kunstgeschichte Bayerns. Publikationen zum Thema: ›Der Himmel im Rokoko‹, Regensburg 1965; ›Rokokomalerei‹, Mittenwald 1980.
Hans Sedlmayr (1896–1987) war Professor für Kunstgeschichte unter anderem in Wien (1936–45) und München (1951–63). Zahlreiche Veröffentlichungen zu Grundfragen der Kunstwissenschaft. Publikationen zum Rokoko unter anderem: ›Johann Bernhard Fischer von Erlach‹, Wien/München [2]1976.

Hermann Bauer / Hans Sedlmayr

Rokoko

Struktur und Wesen einer europäischen Epoche

DuMont Buchverlag Köln

Frontispiz: Benoît-Louis Prévost nach Charles-Nicolas Cochin d.J., Frontispiz zur Encyclopédie Diderots. Radierung, 1772 (nach der Zeichnung von 1764)

Umschlagvorderseite: Jean-Honoré Fragonard, Die Schaukel, 1767 (Detail). London, Wallace Collection

Die Deutsche Bibliothek – CIP-Einheitsaufnahme

Bauer, Hermann:
Rokoko: Struktur und Wesen einer europäischen Epoche /
Hermann Bauer; Hans Sedlmayr. – Dt. Erstveröff. – Köln:
DuMont, 1992
(DuMont-Taschenbücher; 273)
ISBN 3-7701-1974-6
NE: Sedlmayr, Hans; GT

Deutsche Erstveröffentlichung

Satz, Druck und buchbinderische Verarbeitung: Boss-Druck, Kleve

Printed in Germany ISBN 3-7701-1974-6

Inhalt

Vorwort

Der nachfolgende Text wurde von Hans Sedlmayr und mir für das Stichwort »Rococò« in der ›Enciclopedia Universale dell'Arte‹ (Bd. 11, Venedig 1963) geschrieben. Zu dieser Zeit war ich Assistent Sedlmayrs am Institut für Kunstgeschichte in München. Wir teilten uns in die Arbeit am recht umfangreichen Artikel so, daß Sedlmayr den zentralen Teil zum französischen Rokoko übernahm, während ich die Begriffsgeschichte und die Ornamentik behandelte und den zweiten Teil zum internationalen Rokoko schrieb. Das deutsche Manuskript des 1987 verstorbenen Hans Sedlmayr war noch unter seinen nachgelassenen Papieren vorhanden und wurde uns jetzt von Frau Maria Sedlmayr, Salzburg, dankenswerterweise für diese Buchausgabe überlassen. Bis auf unsubstantielle kleine Korrekturen ist das Manuskript Sedlmayrs unverändert übernommen. Es ist inzwischen schon Teil einer Geschichte der Kunstgeschichte und allein deshalb wert, in der ursprünglichen deutschen Fassung zugänglich gemacht zu werden. Es wäre kein Text dieses großen Kunsthistorikers, wäre nicht auch hier der Versuch unternommen, eine epochale Struktur (des Rokoko) zu beschreiben. Der Leser wird die Schwierigkeiten erkennen, die sich aus einer zentrierenden begrifflichen Erfassung des Phänomens und dem lexikographischen Zwang zur umfassenden Aufzählung ergaben. Was meinen Textteil betrifft: Ich habe keine größeren Veränderungen vorgenommen, aber ihn etwas dem Sinn der jetzt erfolgten Buchedition anmodelliert.

Hier hat mir Herr Dr. Helmut Kronthaler sehr geholfen, der auch die Bibliographie bearbeitete.

München, März 1991

Hermann Bauer

I. Zum Begriff und zur begrifflichen Abgrenzung

Rokoko als Stil

Der Begriff »Rokoko« umfaßt einen Stil, der charakteristisch für das 18. Jahrhundert in Europa war. Er folgte auf den Barock – dem er in gewisser Hinsicht verwandt war – und ging dem Klassizismus voraus. Sein Brennpunkt war Frankreich, wo er zeitgleich mit dem klassischen Spätbarock in Blüte stand und wo er den Charakter und die formale Prägung erfuhr, die bestimmend waren bei seiner Ausbreitung in ganz Europa, auch in jenen Gebieten, in denen sehr ähnliche, eigenständige stilistische Entwicklungen stattfanden, wie zum Beispiel im Heiligen Römischen Reich.

Der Bruch mit der Tradition war besonders augenfällig in der Architektur: Hier trat ein neues Konzept auf, dem zufolge die Form eines Gebäudes von der Funktion, für die es bestimmt war, abweichen konnte. Eine neue, nicht notwendigerweise ineinandergreifende Beziehung entstand zwischen dem Außen und Innen. Dieser Umstand bildete die Grundlage für die Bedeutung, welche der Dekoration und Ausstattung der Innenräume zukam – Dekoration und Mobiliar wurden strikt als Einheit geplant. Die bislang untergeordneten Künste – Porzellan, Silberwaren, Möbel genauso wie Spiegel – wurden nun geradezu ›primordial‹. Sogar die Malerei und die Skulptur scheinen sich in der Wahl der Farbigkeit und des Gegenstandes an die Bedürfnisse des sozialen Umfelds durch die kultivierte Leichtigkeit und lebendige Interpretation angeglichen zu haben, die Kennzeichen für den Stil des Rokoko sind.

Etymologie

Das Wort »Rokoko« definiert in seiner derzeitigen Bedeutung eine Phase der Kunst im 18. Jahrhundert. Ursprünglich jedoch war »Rokoko« eine der Bezeichnungen, die zur Zeit des Klassizismus verächtlich für unklassische Stilrichtungen gebräuchlich waren. Es war ein Pejorativ, ähnlich dem Wort »gotisch« bei Vasari. Erst im 19. Jahrhundert, als der Begriff des Stils nicht mehr an Werturteile gebunden war, sondern Teil des Rüstzeugs der Kunstgeschichte wurde, avancierte Rokoko zum Stilbegriff.

Etymologisch hängt »Rokoko« ab von *rocaille*. Bereits im 17. Jahrhundert wurde dieser Ausdruck für Muschelwerk in Grotten und Gärten gebraucht, wobei *travail de rocaille* gleichbedeutend war mit *travail de coquille*. So hat man Rokoko oft auch mit *style rocaille* gleichgesetzt. Da dieser Stil von Anfang an als Einmischung des italienischen Barock in den französischen Klassizismus betrachtet wurde, dürfen wir annehmen, daß die Endung »-oco« analog zum italienischen *barocco* gebräuchlich wurde. Das Wort *rocaille* war bereits 1736 für den spezifischen Ornamenttyp verwendet worden, während die Bezeichnung *rococo* allerdings erst 1842 im Ergänzungsband zum ›Dictionnaire de l'Académie Française‹ auftaucht und hier der gängige Ausdruck für das Ornament, den Stil und die Gestaltung der Zeit Ludwigs XV. und des angehenden Louis XVI war. 1828 schrieb Stendhal: »Me permettra-t-on un mot bas? Le Bernin [= Bernini] fut le père de ce mauvais goût désigné dans les ateliers sous le nom un peu vulgaire de rococo« (›Promenades dans Rome‹).

Die Rokoko-Kritik

Obwohl die Kunst der Régence in ihrer Zeit kaum als revolutionäre Reaktion auf die Kunst unter Ludwig XIV. gesehen wurde, erkannte man gegen 1715 doch, daß eine antiklassische Strömung aufkam. Der französische Akademiebetrieb konnte für diese Öffnung zum römischen und Turiner Hochbarock im Sinne Borrominis oder Guarinis kein Verständnis haben, vor allem nicht für den neuen Primat des Ornaments. Kollisionen mit dem Geschmacksbegriff waren unvermeidlich. 1754 verfaßte Charles-Nicolas Cochin eine ironisch zu verstehende Verteidigung des neuen Ornamentstils: Seit Juste-Aurèle Meissonnier sei nichts mehr produziert worden, das nicht bereits in seinen Entwürfen angelegt gewesen wäre. In seinem ›Cours d'architecture‹ von 1772 (III. Buch, S. 350) schreibt Jacques-François Blondel die »Erfindung« des *genre pittoresque* Meissonnier zu. Mit einer solchen

Bezeichnung konnte zu jener Zeit zwar positiv gewertet werden – in diesem Zusammenhang aber wollte man in der Tradition einer klassizistischen Topik bis hin zu Diderot und den sächsischen Klassizisten die Auswüchse des Barock treffen. »Barock ist der Höhepunkt des Bizarren«, schrieb Francesco Milizia 1797. Der Begriff »bizarr« war bereits 1734 in einer Anzeige des ›Mercure de France‹ für Meissonniers Stiche im *Livre d'ornemens* zu finden. Es war dies übrigens die erste Serie von Ornamententwürfen im neuen Stil, wo jene außergewöhnlichen Formen der Brunnen, Wasserfälle, Ruinen, Muscheln und Architekturfragmente auftauchen, die dann als *rocaille* bezeichnet wurden. Die Adjektive »bizarr« und »pittoresk« charakterisieren jetzt das, was wir Rokoko nennen.

Der neue Stil entwickelte keine eigenen Theorien, noch gab er sich selbst einen Namen. Die besten Definitionen kamen vielmehr aus der Opposition. Wie in Paris – wo der Stil seinen Ursprung hatte und gleichzeitig der stärksten Opposition ausgesetzt war – kam das Rokoko auch in Deutschland, vor allem im klassizistischen Sachsen, unter die Kritik. 1742 erklärte in Johann Christoph Gottscheds ›Neuem Büchersaal der schönen Wissenschaften und freyen Künste‹ der Winckelmann-Freund Reiffstein: »Diese wilden und unnatürlichen Gestalten, ihre unwahrscheinliche und unmögliche Verbindung, die willkürliche und regellose Zusammenfügung des Natürlichen mit dem Unnatürlichen, die man zur Schande der Kunst und des jetzigen so erleuchteten Weltalters den prächtigsten Gebäuden und Denkmälern einverleibt, stammen aus Frankreich, sind aber namentlich von Augsburg und Nürnberg aus über ganz Deutschland verbreitet worden.« In Deutschland gebrauchte man für das Bizarre, Groteske und Asymmetrische der neuen Ornamentik auch den Ausdruck »Grillenwerk«; Ornamentstiche aus Augsburg, Ausgangspunkt der deutschen Produktion dieses Genres, gaben Anlaß zur abfälligen Rede vom »schlechten Augsburger Geschmack«. 1770 verdammte ein Rektor Mertens in ›Meusels Miscellaneen‹ die Vorliebe am Ornamentalen: Man habe eine Zeitlang nur die Schnörkel geliebt, und daher scheine auch manches Standbild das Bauchgrimmen zu haben oder Menuett tanzen zu wollen, statt eine mit ernstem Nachdenken beschäftigte Seele erkennen zu lassen.

Eine positive Theorie des Ornaments stand nicht zur Verfügung, und so wurde nach architektonischen Maßstäben geurteilt, denen entsprechend die Schönheit im Eindruck der Dauerhaftigkeit und Kraft liegen sollte, die sie auf den Betrachter macht: »So findet sich bey dem neuen Grillenwerk eben das Gegentheil; indem dasselbe beständig das Ansehen einer schwachen, zarten und angeklebten Materie behält, die keine Last zu stützen und zu tragen, sondern bloß das Wasser an sich zu halten, und dadurch seinen eigenen Verfall desto geschwinder zu befördern scheint« (J. G. Fünck, ›Betrachtungen über den wahren Geschmack‹, 1747). In solchen Kritiken stecken allerdings auch Hinweise für eine Interpretation des Rokoko-Ornaments.

In Frankreich führte die Aversion gegen das Rokoko zu schärferen stilkritischen Abgrenzungen. In seiner Monographie ›Louis David, son école et son temps‹ (1855) etablierte Etienne-Jean Delécluze die Bezeichnungen *Pompadour* und *rococo* im Hinblick auf kurzlebige Moden unter Ludwig XV., Etiketten, die sich allerdings schon 1796 bei Maurice Quaï finden. Gleichzeitig wurde das Wort »Rokoko« mehr und mehr verwendet und schließlich auch Bestandteil der deutschen Kunstgeschichtsschreibung. Bei Albert von Zahn (1873) und Anton Springer (1867) ist vom Rokoko dann einigermaßen wertfrei die Rede.

Das Rokoko in der älteren Kunstgeschichtsschreibung

Erste kunstgeschichtliche Untersuchungen verstanden das Rokoko übereinstimmend als eine Spätphase des Barock – in der Tradition jener alten Ansicht, die hier eine Repristination des italienischen Hochbarock sah. Rokoko sei somit nichts anderes als eine Auflösungserscheinung des bereits desolaten Barock. Nicht zuletzt in Folge der Auffassung Jacob Burckhardts und im Bemühen, ›Grundgesetze‹ in der Entwicklungsgeschichte von Stilformen zu finden, wurde »Rokoko« sogar allgemeiner zum Synonym für Auflösungserscheinungen, wie sie in Spätphasen aller Zeiten und Stile auftraten. So glaubte man Rokoko-Phasen in der romanischen, gotischen, ja später sogar in der antiken Kunst erkennen zu können. Historisch betrachtet hatte es eine ähnliche stilistische Bezeichnung bereits in England und davon ausgehend in der deutschen Romantik gegeben, als Friedrich von Schlegel malerische Übertreibungen bei Spätformen »gotisch« nannte. Aus dem Denkmodell, mit dem nach Regeln für das Kommen und Gehen von Stilen gesucht wurde, entstand schließlich doch ein objektives wissenschaftliches Verständnis des Rokoko. Während für Gottfried Semper (›Der Stil in den technischen und tektonischen Künsten‹, 1860–63) das Rokoko als augenscheinlicher Beweis für seine Theorie, nach der der Ursprung eines Stils im Material verwurzelt sei, dienen mußte, legten Robert Dohme, Cornelius Gurlitt und vor allem August Schmarsow die Grundlagen für eine Stilgeschichte des Rokoko, sowohl was die Materialforschung als auch was erste Analysen betrifft. Allen Autoren gemeinsam ist der Ansatz, das Rokoko als Antithese zu begreifen. Nach Wilhelm Lübke ist der neue Rokoko-Stil im Grunde nichts anderes als eine Reaktion des Barock auf die kalten und strengen Formen des Klassizismus. Diese Sicht führte im Endergebnis zu einer Erkenntnis der Ursprünge des Rokoko und zum Bewußtwerden seiner Dialektik. 1922 versuchte Hans Rose (ausgehend von Burckhardt und Wölfflin), das Gegensatzpaar ›Renaissance–Barock‹ Wölfflins zu ergänzen, indem er nachweisen wollte, daß mit der rückläufigen Entwicklung des Barock im 18. Jahrhundert der klassische Ausgangspunkt wieder erreicht worden sei.

Konträr zu einer Betrachtung des Rokoko sub specie finis, wonach der Stil nur vom Barock oder vom Klassizismus her gesehen wird, ist jener Genuß der spezifischen ästhetischen Qualitäten des Rokoko, wie ihn vor allem die Brüder Edmond und Jules de Goncourt erneut salonfähig machten. Es ist bezeichnend, daß sich der bourgeoise Geschmack der Gründerzeit ein zweites Rokoko schuf und unter diesen Vorzeichen die antiabsolutistische Natur des Rokoko als eine schöne, weltliche, sinnliche und säkulare Kunst entdeckte. Gerade das Verdienst der Brüder Goncourt, Zeitgenossen und Beförderer dieser Entwicklung, ist kaum zu überschätzen. Ihr Werk über ›L'art du XVIIIe siècle‹ (1873–74) ist eine besondere kulturgeschichtliche, aber auch kunstgeschichtliche Leistung, nicht zuletzt als Publikation bislang unbekannter Quellen und dank der Erarbeitung von Œuvregruppen. Durch die Betonung des ästhetischen Wertes des Rokoko wurde der Weg für einen neuen Ansatz bereitet, der sich als fruchtbarer erweisen sollte als die Zwangsjacke der ›Grundbegriffe‹. Die Goncourt hatten nämlich ein inneres ›Gesetz‹ des Rokoko entdeckt: »Watteau erneuerte die Natur der Anmut. Es ist nicht länger die Grazie der Antike, die wir in seiner Kunst antreffen: ein exakter und greifbarer Charme, die Marmorperfektion der Galatea, der ausschließlich plastische Zauber und der materielle Glanz einer Venus. Die Anmut Watteaus ist die

Anmut per se. Es ist dieser undefinierbare Hauch, der den Frauen den Charme, eine Koketterie und eine Schönheit verleiht, die mehr sind als bloße körperliche Schönheit. Es ist dieser Unterschied, der gleichsam das Lächeln der Kontur, die Seele der Form, das geistige Antlitz der Substanz ist.«

Eine solche Charakterisierung stellt einen frühen Versuch dar, Strukturprinzipien aus der Kunst des Rokoko selbst zu entwickeln. Charme, Verführung, Anmut und Spiel wurden jetzt allerdings – positiv wie negativ – Schlagworte, die bis heute dem Kunsthistoriker schnell zur Hand sind, wenn er vom Rokoko spricht.

Das Rokoko in der neueren Kunstgeschichtsschreibung

In der neueren Ansicht vom Rokoko sind zwei Ansätze zu unterscheiden. Durch eine Fortführung und Verfeinerung der Klassifikationsversuche des 19. Jahrhunderts (vor allem von Hans Rose und Albert Erich Brinckmann) einerseits und durch Verfeinerung der kennerschaftlichen Werkzeuge in der Tradition der Goncourt andererseits versuchte man das Phänomen wissenschaftlich zu behandeln. Die letztere Methode führte zu den ersten bedeutenden Monographien der wichtigsten Maler von André Michel, Pierre de Nolhac, Georges Wildenstein und Florence Ingersoll-Smouse, um nur einige wenige zu nennen. Das Buch Louis Dimiers, ›Les peintres français du XVIIIe siècle‹ (1928–30), ist ein Standardwerk zur Rokoko-Malerei – informativer als das Werk der Goncourt, aber nur wenig neue Gesichtspunkte vorbringend. Das Standardwerk über die Architektur des entsprechenden Zeitraumes, der dritte und vierte Band der ›Geschichte der klassischen Architektur in Frankreich‹ (1950–52) von Louis Hautecoeur, ist durch seinen formalistischen Ansatz sehr behindert; es fehlt an einem tieferen Verständnis der besonderen Beziehung zwischen Rokoko-Architektur und französischem Klassizismus. Ein großer Fortschritt war zu verzeichnen, als eine erste Analyse der neuartigen Inhalte der Régence und des Rokoko gelang; dies geleistet zu haben ist das Verdienst von Mussia Eisenstadts Arbeit über Watteaus ›Fêtes galantes‹ (1930). Soweit wir sehen, hat erstmals Wolfgang Braunfels in einer kleinen Monographie zu François de Cuvilliés (1938) knapp die grundlegenden Begriffe der Architekturtheorie des 18. Jahrhunderts angeführt, die schließlich bei

Hanno-Walter Kruft in seiner ›Geschichte der Architekturtheorie‹ (1985) systematisch behandelt wurden.

Nicht zufällig war gerade die kulturgeschichtliche und kunstsoziologische Behandlung des Rokoko sehr produktiv. Die Epoche war ergiebig für den sittengeschichtlichen Voyeur, angefangen bei den Brüdern Goncourt und weiter etwa bei Eduard Fuchs, Alexander von Gleichen-Russwurm und Wilhelm Hausenstein. Bei letzterem finden sich immerhin Ansätze zu einer methodischen Sicht der spezifischen Rokoko-Ikonographie.

Eine neue Periode der Rokoko-Forschung begann zweifellos 1949 mit Fiske Kimballs Buch ›Le style Louis XV: Origine et évolution du Rococo‹ (zunächst englisch erschienen unter dem Titel ›The Creation of the Rococo‹, 1943). Hier wurde nicht nur bislang unbekanntes Material veröffentlicht, sondern auch das epochale Zentrum ins Visier genommen: die Innenraumdekoration. Übereinstimmend mit der Tradition sah Kimball im Rokoko ein Teilphänomen des Barock, aber er schränkte es gleichzeitig auf ein einziges Gebiet, eben die Dekoration, ein. Diese Betrachtungsweise wird dadurch gerechtfertigt, daß gerade in den Pariser Adels-Hôtels ein eigenständiger Dekorationsstil seine Ausprägung erfuhr, den Kimball (mit gewissen Vorbehalten) Rokoko nannte. Leider behinderte er durch seine Begriffsbildung und die teilweise Verwechslung von Stil und Stilgenese den Zugang zum außerfranzösischen Rokoko. Besonders in Deutschland wurde die Bezeichnung Rokoko jetzt für Kirchenkunst, also auch für Architektur vorgeschlagen (Wilhelm Boeck). Bestimmte charakteristische Kennzeichen der Kirchenarchitektur Süddeutschlands - die Bernhard Rupprecht (1959) aufgezeigt hat - rechtfertigen den Gebrauch des Begriffs. Eine so erweiterte Definition aber setzt ein Verständnis der eigentlichen stilistischen Strukturgesetze des Rokoko voraus.

Nur in Frankreich gab es ein Rokoko als allumfassendes Phänomen. Formen, Phasen und Erscheinungen jedoch, die dem Rokoko ähnlich oder analog waren, aber von anderen Grundvoraussetzungen ausgingen, kamen gleichzeitig in verschiedenen Teilen Europas auf. Deshalb sollte wie folgt differenziert werden:

1) Französisches Rokoko in Frankreich selbst und seine Ausläufer in fast allen europäischen und einigen Überseeländern.

2) Internationales Rokoko, Rokoko-Formen, -Motive, -Themen und -Textilien, die sich über ganz Europa ausbreiteten, vor allem die Rocaille.
3) Lokale oder regionale Formen (›Sonderformen‹) analog dem Rokoko (Venedig, Turin, Palermo), einschließlich der Erscheinungen des süddeutschen Kirchenrokoko, das – entsprechend dem verbreiteten Konzept der ›Sondergotik‹ – als ›Sonderrokoko‹ bezeichnet werden kann.
4) Die Régence und jene Phasen innerhalb des Spätbarocks, die dem Rokoko vergleichbar sind. Das Wiener Belvedere von Johann Lukas von Hildebrandt (Abb. 57) entspricht unverkennbar einer Régence-Phase des Wiener Spätbarock (vgl. Hôtel de Noailles in Paris, vollendet von Pierre Lassurance, 1711); dennoch hat es nichts zu tun mit eigentlicher Régence. Entsprechend stellt Sanssouci in Potsdam (Abb. 69) eine Rokoko-Stufe des Spätbarock unter Friedrich dem Großen dar, ist aber im Kern nicht echtes Rokoko.

Der Begriff Rokoko bedarf einer präzisen Definition:

1) Rokoko ist keine Stilphase der Klassik oder des Spätbarock – weder in Frankreich noch anderswo, und sogar dort, wo es aus der Klassik oder dem Spätbarock hervorgeht, bleibt Rokoko diesen Stilen konträr.
2) Rokoko war nur eine der Kunstströmungen des 18. Jahrhunderts.
3) Sogar in der Mitte des 18. Jahrhunderts war Rokoko nur einer unter anderen europäischen Stilen (zum Beispiel neben verschiedenen Spielarten des Spätbarock oder des Klassizismus in England).
4) In Frankreich unter Ludwig XV. war Rokoko nur eine unter mehreren Kunstströmungen, auch wenn es zwischen 1730 und 1750 vorherrschend war. Es ist ein ›Genos-Stil‹ (an spezifische Formen gebunden), der nur in einigen Teilen der offiziellen Staatsgebäude, in wenigen Kirchen gefunden wird oder sekundär in deren Dekoration auftaucht.
5) Trotz dieser Beschränkungen ist Rokoko keineswegs nur eine Art der Dekoration, sondern ein Stil im eigentlichen Sinn, der umfassende Werke in einer Synthese aller Künste (Gesamtkunstwerk) hervorbrachte.

6) Die Régence muß als engste Verwandte des Rokoko angesehen werden. Dies heißt, daß - zumindest in Frankreich - das Rokoko in einem etwas allgemeineren Sinn die Régence und das eigentliche Rokoko umfaßt und so mehr oder weniger synonym mit Ludwig XV. war - dies obwohl die Stilperiode nicht genau mit dessen Regierungszeit (1715-74) zusammenfiel. Gleichermaßen stellt das Rokoko im engeren Sinn nur die zweite Phase der Kunst unter Ludwig XV. dar (von 1728/30-1745/50), die von den Zeitgenossen *style rocaille* genannt wurde.

II. Das französische Rokoko

Allgemeine Aspekte

Für eine formale und materielle Bestimmung gibt es mehrere Ansätze, darunter den Versuch, die Einheit des Rokoko durch einen Modus der Schönheit zu bestimmen (E. Przywara). Demnach sei dem Barock die Schönheit des *pulchrum* zugeordnet, dem Rokoko, die Régence mitinbegriffen, die Schönheit des *bellum*. *Pulchrum* ist die sinnenhafte Pracht, ist »Ruhm durch Fülle und Pracht«. *Bellum* ist das in sich selbst schwingende Schöne, in der Bedeutung von hübsch, allerliebst, charmant, fein, munter, angenehm, köstlich oder auch galant und vor allem ›anmutig‹ (im Doppelsinn des deutschen Wortes). Dem römischen Wesen ist das *bellum* fremd. *Pulchrum* und *bellum* stehen beide als leibhaft Schönes dem *kalon* als ideenhaft Schönem gegenüber. Diese Bestimmung des Rokoko durch das *bellum* ist akkurat, sie trifft jene Züge, welche in der üblichen Vorstellung mit Recht im Vordergrund stehen. Aber sie ist zu allgemein und würde zum Beispiel auch das ›Rokoko‹ des späteren Hellenismus charakterisieren können. Es sind konkretere Bezeichnungen notwendig, die nur für das Rokoko des 18. Jahrhunderts gelten.

Der Versuch, die Einheit des Rokoko von der Baukunst her zu bestimmen, ist über eine Analyse des Wandsystems möglich, denn jedes architektonische ›System‹ manifestiert sich in einer besonderen Form der Wand. Die spezifische Wandform von Régence und Rokoko ist am Außenbau folgende: Die äußeren Grenzflächen konstituieren sich typisch aus zwei – und nur zwei – architektonischen Elementarformen – aus schmucklosen, flächenhaft gerahmten oder in die Fläche geschnittenen, schlanken Rundbogen- und Stichbogenöffnungen (Fenster, Türen, Fenstertüren). Öffnungen mit geradem Sturz sind, da zu ›hart‹, nur in einzelnen Fällen zugelassen. Dieses System findet sich zwischen 1705 und 1750 in immer wieder neuen Kombinationen der beiden Elemente an einer Unzahl von *hôtels* und *maisons de plaisance*, an Kirchenfassaden nur ausnahmsweise. Charakteristisch ist die äußerste Flachheit der Großform. Vollplastisches tritt nur als Kartusche an den Rahmen oder als Krönung auf den Balustraden auf. Am Außenbau ist wichtigstes Instrument der Gliederung die zarte Nutzung des realen oder, an Putzbauten, des fingierten Steins. Sie gibt der Wand den Charakter einer in feinen Platten schieferartig geschichteten präzisen Materie, welcher durch die vielen und großen Öffnungen, durch die Ponderation der Geschosse und durch die niedrigen Dächer die Schwere genommen ist. Zweigeschossige Gebäude, deren Stockwerke sich spiegelbildlich im Gleichgewicht halten, oder auch ebenerdige werden von diesem System bevorzugt. Nach Jacques-François Blondel sollten sich die Maße von *rez-de-chaussée* und *premier étage* wie 20 zu 19 verhalten. Zu den zarten, stabilen Flächen kommen als bewegliche Elemente die Flächen der nach außen sich öffnenden Sommerladen (*jalousie, persienne*), die frühesten angeblich am Hôtel de Seignelay zwischen 1713 und 1718.

Die antiken Säulenordnungen sind grundsätzlich abgeschafft, und dies allein ist schon ein revolutionäres Ereignis. Freisäulen erscheinen nur ausnahmsweise an Bauten von besonderem gesellschaftlichem Anspruch (zum Beispiel am Palais-Bourbon, dem Palast einer Prinzessin von königlichem Geblüt), formal als ›Applik‹, inhaltlich als ›Würdeform‹, als Emblem. Zarte Pilaster dekorieren gelegentlich noch einzelne Bauteile: »On ne doit mettre d'ordres qu'aux avant-corps« (Charles-Etienne Briseux, 1728). Die alt- und neurömische Form der Halbsäule, welche die Plastizität der Wandmasse betont, wird ganz ausgeschlossen und auch das Motiv des Giebels zurückgedrängt: Blondel rät ab von dem »Mißbrauch« der Giebel an privaten Gebäuden. Verlangt wird die *noble simplicité*, eine Forderung, die der Klassizismus übernehmen sollte. Und doch bleiben die Bauten der Régence und des Rokoko so gegliedert und proportioniert, daß sie immer noch »Ordnungen« aufnehmen könnten.

Ähnlich steht es mit der inneren Wandform. Auch hier sind Ordnungen nur in repräsentativen Räumen zugelassen, so im Vestibül oder in der *chambre de parade*. In der Gliederung der Wände werden sie ersetzt durch ein System feiner stabartiger Profile, welche die ganze innere Raumgrenze in ein zartes Rahmenwerk schlanker stehender Felder (die *panneaux*) verwandelt, in das die zweiflügeligen Türen und Fenster ebenso einbezogen sind wie die Bettnische oder der nur flach aus der Wand vorspringende Kaminsims mit dem großen Spiegel darüber. Die Innenwände sind meist bis zum Deckenansatz mit Boiserien verkleidet, aus deren Holz (meist harte Eiche) die Kunst der *menuisiers* ein Ornament von einer Feinheit und Geschmeidigkeit herausarbeitet, als wäre es der formbarste Stuck. Während am Außenbau in Frankreich Ornament nur sparsam und stellenweise zugelassen ist – als Agraffe am Bogen, als Krönung oder als Füllung hölzerner Portalflügel –, ist das Stabwerk der inneren Wandfelder die Grundlage, aus der und an der das charakteristische Ornament der Régence und des Rokoko erwächst, und zwar vorzüglich an den Gelenkstellen der Stableisten, als Füllung der *panneaux* und am Ansatz der Decke, also mit Vorliebe an den Übergängen.

Während im Barock bis zu einem gewissen Grade das Prinzip Geltung hat: »Denn was innen, das ist außen«, während im englischen Klassizismus der Außenbau die Formen des Innenbaus bestimmt, entwickelt sich in Régence und Rokoko eine Differenzierung von Außen und Innen, wie sie bis dahin nicht bekannt gewesen ist. Obwohl er durch große Öffnungen und durch Spiegelungen mit dem Außenbau aufs stärkste kommuniziert, ist der Rokoko-Innenraum etwas qualitativ vom Außenraum Verschiedenes.

In diesem System ist der großen Skulptur nur eine geringe Rolle eingeräumt, und die *grandes machines* der monumentalen Deckengemälde machen zeltartig leichten Decken Platz. Die *panneaux* gewähren der Malerei nur dekorative Einfügung, während das ›freie‹ Tafelbild einzig an den Wänden der Bildergalerien und -kabinette seinen Platz findet: es dominiert die dekorative Malerei über die autonome. Die Skulptur hat, von der Kleinplastik abgesehen, ihren Ort zum größten Teil im Freiraum.

Das Auftreten des Systems, seine Absage an die antiken »Ordnungen« ist ein radikaler Bruch nicht nur mit dem Stil des hohen Louis XIV, sondern mit viel älteren Traditionen, die an der Schwelle der Hochrenaissance begründet worden waren, als mit der Wiedergeburt der Götter und Heroen im Bilde die Idee des »großen Menschen« und damit die des *pulchrum* in den Mittelpunkt des profanen und bald auch des sakralen Kunstwerks gerückt worden war, als die antiken »Ordnungen« zum Gesetz der Architektur wurden und die Decken sich in himmlische Weiten zu öffnen begannen. Auch aus diesem Grunde muß im französischen Rokoko die große Deckenmalerei, welche die irdische Sphäre transzendiert, zurücktreten. Das Rokoko kennt keine reale Transzendenz, nur eine Verklärung und Verzauberung der irdischen Immanenz. Niedere Formen der Baukunst, die bis dahin nur in der Sockelzone zugelassen worden waren, steigen in die *belles étages* auf, werden ›veredelt‹ und bestreiten von nun an die neue sparsame Eleganz der leichten, gleichsam schwebenden Flächen. Sowenig das *bellum* als eine Abart des *pulchrum* aufgefaßt werden kann, sowenig kann das System der Régence und des Rokoko als Spätphase des Barock, des hohen Louis XIV aufgefaßt werden.

Das am Beispiel der Baukunst erfaßte Phänomen des Aufstiegs und der Nobilitierung niederer Formen läßt sich verallgemeinern. Überall steigen Formen, Motive, Gattungen, Haltungen auf, die bis dahin als ›niedere‹ galten. Das läßt sich in allen Künsten und auf verschiedenen Ebenen zeigen.

In der Malerei ist der Aufstieg des sinnlichen Kolorismus über die geistige Zeichnung, der Sieg der Rubenisten über die Poussinisten wohlbekannt.

Die galante Idylle, welche in der Hierarchie der Gattungen im 17. Jahrhundert eine sehr untergeordnete Rolle gespielt hatte, wird zum führenden Genre, das auch andere Themen in seinen Bann zieht. Am sprechendsten zeigt sich dieser Vorgang in der Ikonologie. An die Stelle der alten großen, Licht verbreitenden und Ordnung stiftenden Götter, an die Stelle von Apoll-Helios und Herkules treten Pan und Venus, deren Herrschaft im geschichtslosen, elementaren Raum liegt, und bilden nicht nur in der Malerei neue Mittelpunkte der bildlichen Phantasie. Mit ihnen erscheint in Dekoration und Emblematik ein neues Repertoire von Motiven, in welchem die mannigfachen Attribute dieser Gottheiten dominieren; es genüge, Syrinx und Muschel zu nennen. Pan wird Zentralgestalt der Régence-Kunst, Venus Zentralgestalt des Rokoko. Dieser Wechsel der Herrschaft war den Zeitgenossen bewußt. So war etwa das Thema eines 1719 aufgeführten Balletts von Le Jay: »Apollon se voit traverser dans la reforme du Parnasse par l'ignorance de Midas [der Plutokratie!] qui vient donner à Pan la préférence sur Apollon.« Der Amor, der aus der Keule des Herkules seinen Bogen schnitzt (Edme Bouchardon, 1739; Abb. 35), ist allegorische Selbstdarstellung der Epoche. Im Ornament löst eine niedere Spielart, eine Abart der Groteske, die ›hohen‹, repräsentativen Formen ab und gelangt zu universeller Herrschaft. Das Prinzip des Régence- und Rokoko-Gartens ist: »Faire céder l'art à la nature«. Das bedeutet ein Vordringen des ›niederen‹ Elements ungeschmückter Rasenflächen, Zurückdrängung des Gebauten. In der Kunsttheorie siegt mit der neuen Ästhetik des Abbé Jean-Baptiste Dubos (1719) die »Empfindung« (*sensation*) über die »Vernunft« (*raison*).

Es gibt also einen gemeinsamen Nenner für die Künste der Régence und des Rokoko: das Aufsteigen ›niederer‹ Sphären über die ›hohen‹. Dieses Phänomen ist keine »Stiltendenz« wie etwa »Bewegung und Masse« (Wölfflin) im Barock, sondern eine im buchstäblichen Sinne ästhetisch-revolutionäre. Es ist primär ein künstlerischer Vorgang und darf nicht sogleich sozialgeschichtlich gedeutet werden. Das Neue bildet sich im späten Louis XIV in der Sphäre der königlichen Schlösser und Lustgebäude, und zwar besonders in Appartements für die junge Generation. Es wird dann für die *hôtels* in Paris übernommen, unter deren Auftraggebern noch immer der Hochadel dominiert, nicht, wie man oft angenommen hat, der Neuadel und die Finanziers.

Das beschriebene Phänomen läßt sich weit jenseits der Grenzen der bildenden Künste, ja der Kunst überhaupt verfolgen. Es fallen unter den gleichen Begriff zum Beispiel das Aufkommen der ihrem Ursprung nach vulgären Springtänze gegenüber den würdevollen Schreittänzen; das Vordringen der ›niederen‹ Blasinstrumente wie Syrinx, Dudelsack, Maultrommel; die gestiegene Bedeutung der Comédie italienne. Dazu gehört ferner der Sieg des Bequemen über das Würdevolle, der sich in den neuen Möbelformen der Chaiselongue, des Fauteuils, der *bergère,* der *commode* (ein sprechender Name!) manifestiert, oder auch im Aufstieg der *berline,* einer leichten Halbkutsche, zum Staats-, ja Krönungswagen. Dazu gehört vor allem der Aufstieg der sinnlichen Liebe zur obersten Lebensmacht, welche die göttlichen Vorbilder allegorisch legitimieren, und daneben der Sieg des ›skeptisch-kritischen Verstandes‹ über die ›hohe‹ spekulative und kontemplative Vernunft. Auch der Sieg des *bellum* über das *pulchrum* läßt sich noch unter den gleichen Begriff subsumieren.

In dieser ›Umwälzung‹, die das Untere nach oben bringt, es aber zugleich auch adelt und veredelt, bedeutet das Rokoko eine Revolution im eigentlichsten Sinne des Wortes. Sie ist eine der großen europäischen Revolutionen, deren Kette jetzt nicht mehr abreißen wird.

In diesem Vorgang nimmt eine geradezu zentrale Stellung die Nobilitierung des Hirten, die Verwandlung des Schäfers in den *berger galant* ein. In der Pastorale spiegelt sich die Begegnung zweier gegensätzlicher Welten, der volkstümlich-naturhaften und der königlich-aristokratischen bzw. göttlichen. Daß ein Hirte, Paris, die Gattin des Menelaos gewinnt, eine Hirtin (Aphrodite) den König Anchises verzaubert, ist allegorische Darstellung des arkadischen Grundgesetzes, das in allen Pastoraldichtungen bis hin zur galanten Schäferromanze des 18. Jahrhunderts anklingt: Im paradiesischen Reich der Liebe verlieren Stand und Rang ihre Gültigkeit, um naturhaftem Empfinden und Wertmaß Raum zu geben. Die Pastoralpoesie wurde besonders in Zeiten gepflegt, die den Gegensatz zwischen dem verfeinerten höfischen oder städtischen Leben und den gesunden natürlichen Verhältnissen auf dem Lande stark empfanden. In der formsicheren hohen Gesellschaftskultur der Régence und des Rokoko erlebte die abendländische Pastoralkunst ihre letzte unvergleichliche Blüte, gewann der bukolische Themenkreis einen vorher nicht gekannten Raum. In Arkadien sind die Götter des Olymp nur zu Gast, denn der Herr Arkadiens ist Pan; ihm gehören das geschichtslose Grenzland zwischen Wildnis und bebauter Flur, die Haine, Driften und Gestade, die in den Kartuschen von Claude Audran und Claude Gillot, in den Hintergründen Antoine Watteaus erscheinen, die Welt der Nymphen und Satyrn: Themen, die offen oder verhohlen die ganze Bilderwelt der Régence durchwalten. Jetzt wird das Nymphische zum weiblichen Ideal der Zeit, und die Jagd, der Tanz, die Muße werden zur Lieblingsbeschäftigung. Im Werk Watteaus (Ft. 2) verschmilzt die panisch-dryadisch-oreadische Welt der Bäume und Berge, der Nymphen und Hirten mit einem idealisierten gesellschaftlichen Leben, und mit Elementen aus der Traumwelt des Theaters verschmelzen Natur, Kunst und Liebe zu einem mystisch-irdischen Paradies ewiger Jugend, Anmut und verklärter Sinnlichkeit.

Der Regent selbst zeigt sich bei den intimen Festen im Kostüm des Pan. Die arkadische Welt steht aber in Beziehung auch zu Venus. Die Äneassage, die Antoine Coypel in der Galerie des Palais-Royal, der Pariser Residenz des Regenten, malte, hat an dieser Stelle nicht jene politische Bedeutung wie etwa in Jacopo Amigonis Schleißheimer oder Giovanni Battista Tiepolos Madrider Fresken, sondern verherrlicht den Sohn der göttlichen Hirten. Das Zimmer seiner Gemahlin ließ der Regent mit Pastoralszenen aus dem späthellenistischen Hirtenroman

1 François Boucher, Der Triumph der Venus, 1740. Stockholm, Nationalmuseum

›Daphnis und Chloe‹ dekorieren, und er besorgte eine französische Ausgabe des Werks, das unter dem Titel ›Les amours pastorales de Daphnis et Chloé‹ (1718) und mit Stichen nach den von ihm entworfenen Gemälden zum Lieblingsbuch der gehobenen Kreise im 18. Jahrhundert wurde. Die Gesellschaft der ›Aphrodites‹, welcher der Regent präsidierte, besaß in der Nähe von Montmorency ein riesiges Terrain mit einem Lustschloß, dessen Raumdekoration mit gemaltem Gebüsch, künstlichem Rasenteppich und illusionistischer Baumkuppel pastorale Landschaft vortäuschte. Alle Künste und das Leben selbst nahmen teil an der Gestaltung der arkadischen Idealwelt. Lustschlößchen und *pavillons d'amour* wurden gebaut und im Sinne des Gesamtkunstwerkes mit Boiserien, Tapisserien, Gemälden, Möbeln, Porzellan, Stoffen usw. dekoriert, die pastorale Motive zur Darstellung brachten. Das Schäferspiel war in Theater, Ballett und Oper Lieblingsthema der Zeit; Bühnenbild und Ausstattung, Kostüm und Tanz, Dichtung und Musik wirkten zusammen, um ein elysisches Zauberreich zu schaffen. Die Poesie des Rokoko hat den Begriff des »Schäferstündchens« geprägt, der als Bezeichnung der Liebesstunde, des zärtlichen Beisammenseins, fortlebt.

Die Zentralgestalt des *style rocaille* aber ist Venus, Venus angenähert dem Nymphenideal der Najaden. Ihr irdisches Paradies ist die Insel Kythera, seit Watteaus *Embarquement pour Cythère* (Ft. 2) ein Zentralbegriff der erotischen Vorstellung und ihrer Sprache. Den Triumph der Venus malt François Boucher (Abb. 1); ihre Attribute: Fels und Muschel, Koralle und Schilf, Wasser, Schaum und Welle bilden das Arsenal der frühen Rocailleornamentik; seine Bewegungsform beschreibt das Gesetz der umschlagenden Bewegung; seine Farben, das tiefe, kühle Meerblau und das Schaumweiß, stiften zusammen mit dem Rosigen des Muschelinneren und dem Changieren des Perlmutter einen typischen Farbakkord des Rokoko – der Schmelz der Muschel ist verwandt der Materie des Porzellans –; der Spiegel, gleichfalls Venus-Attribut, ist aus den Räumen des Rokoko nicht wegzudenken. Im Herrschaftsbereich der Venus verwandelt sich alles in Reiz und Duft.

Das Rokoko kann nicht zuletzt von seiner Auffassung des Lichtes her bestimmt werden. Denn jeder echte Stil hat ein spezifisches Verhältnis zum Licht. Das Licht des Rokoko meint ein verklärtes, aber durchaus irdisches, sinnliches Licht. Die drei wesentlichen Mittel, es zu erzeugen, sind die Fenstertüren (*french windows*), das Weiß der Räume und die Spiegel, dazu die besonderen Glanz verleihende Behandlung stumpfer Werkstoffe.

Den Fenstertüren eigentümlich ist nicht nur eine gesteigerte Lichtfülle; ihre hohen, schlanken Öffnungen erreichen mitunter Proportionen, die gotischen Fensterformaten nahekommen. Wesentlicher ist, daß sie Licht von der ›Sohle‹ her in den Raum einlassen. Dagegen bleibt in der Höhe installierter Lichteinfall die Ausnahme und wirkt, wenn er doch einmal vorkommt (Oktogon des Palais-Royal), als barockes Rudiment. Das entlang dem Erdboden hereinströmende Licht ist aber eben ein betont irdisches Licht, das durch den Spiegelglanz der Parkettböden verklärt wird.

Nicht minder neu ist die Umstellung der Innenräume auf die Dominanz der weißen Farbe an den Wänden. Dieses Weiß ist sozusagen materialisiertes, zur Farbe gewordenes Licht. Das warme Weiß der Régence und das kühle Weiß des Rokoko sind nicht farblos wie das Weiß des Klassizismus, welches sich mit Grau verbindet, sondern die lichtesten aller Farben und deshalb meist farbig gemischt oder untermalt. Nach 1725–30, im eigentlichen Rokoko, treten an die Stelle der weißen Farbe oft lichte, stark weißhaltige Farbtöne (Lichtblau, Rosa, Reseda usw.). Mit dem Weiß verbindet sich im Dekor der Wände oder auch der Möbel das fein verteilte Gold oder Silber als materialisierter Glanz. Weiß ist die lichteste Farbe, Gold die Lichtmaterie, der Spiegel ist lichter Glanz und Schein zugleich. Er vervielfacht nicht nur das Licht, nimmt nicht nur der Raumgrenze jeden Rest von Schwere (Abb. 27, 41), sondern er verklärt es, macht es, ohne ihm den Charakter des Irdischen zu nehmen, unfaßbar, phantastisch. In den großen Spiegeln, die oft ganze Wandfelder füllen, vermischt sich der Innenraum mit dem Außenraum, potenziert sich das irdische Licht zu höchstem Lichtglanz. In den Spiegeln über den Kaminen tritt es in symbolische Beziehung zu dem lichten Element des Feuers (Venus und Vulkan).

Am Lichtglanz der Spiegel nimmt eine Fülle von Materialien durch die besonders lichthafte Behandlung ihrer Oberflächen teil. Man denke an die auf Hochglanz polierten Parkette, an die Politur der Möbelfurniere, an die Bevorzugung der glänzenden und changierenden Seide oder auch des sanft schimmernden Samtes in den Bezügen der Möbel wie in den Kostümen der Bewohner, an den milchweißen Glanz des Porzellans, an Perlmutt und Lack, an den mondigen Schimmer bleierner Skulpturen. Das Rokoko ist die Glanzzeit der Brillanten, die man überall verwendet: Anhänger, Colliers, Rock- und Westenknöpfe, Hutagraffen und Achselspangen, Uhren, Dosen, Schuhschnallen, Ringe, Stockgriffe, Degengefäße und -scheiden. Der Brillantschliff von Diamanten ist freilich um 1660 erfunden worden, und somit ist auch das Verhältnis des Rokoko zum Licht überhaupt ein Erbe aus der Zeit des Königs, der die Sonne war; aber diesem Erbe hat das Rokoko eine neue, verfeinerte Wirkung abgewonnen. Ein anderer Exponent des allgemeinen Luminismus sind die Lichtträger des Rokoko. Die Spender künstlichen Lichtes sind ausschließlich die Kerzen aus Wachs; das Eigentümliche des Rokoko ist die Anbringung ihrer Träger: zugleich an den Wänden der Räume, in der Gestalt von ›Appliken‹ oder ›Girandolen‹, und in der Mitte, als hängende Lüster oder stehende Tischleuchter. Ausdrücklich wird darauf geachtet, daß die Lichtquellen nicht zu hoch liegen. Gabriel-Germain Boffrand rät, sie in sechs Fuß Höhe, also nur wenig über Kopfhöhe, anzubringen, »pour ne pas rendre les yeux battus et enfoncés«. Angestrebtes Ziel ist es, durch Beleuchtung von mehreren Seiten alle tiefen Schatten aufzuheben, die so beleuchteten Dinge zu verschönern, die Menschen zu verjüngen und zu beleben. Eine besondere Rolle fällt den venezianischen Lüstern mit ihren zahllosen geschliffenen Glasprismen zu, die das ohnehin schon bewegliche Licht der Kerzen bei der leisesten Erschütterung verändern und in Lichtfunken versprühen: »le plus gai, le plus intelligent, le plus féerique des moyens employés pour multiplier les éclats et créer des irisations et ce scintillement, qui accompagne en ces salons tous les jeux et les feux d'esprit et avive le regard des femmes« (Hautecoeur).

Negativ äußert sich dieser Luminismus im Absehen von allem Dunkel, aller Schwere. Deshalb vermeidet man durch Auskehlung der Ecken in den Zimmern jeden dunklen Schatten: Dunkle Ecken gelten als Gipfel der Geschmacklosigkeit; deshalb ersetzt man in den Stiegenhäusern und an den Balkonen die massiven Balustraden durch leichte, durchsichtige Gitter aus Schmiedeeisen.

Auch diese Tendenz zum Absehen von allem Dunkel läßt sich über den ästhetischen Bereich hinaus verallgemeinern. Das Ideal des Rokoko ist ein irdisches Paradies ewiger Jugend, Heiterkeit, anmutiger Schönheit und göttlich verklärter Sinnlichkeit, das Tod, Sünde, Alter, Gebrechlichkeit und Einsamkeit verneint. Das ganze Leben gilt hier als etwas Leichtes und Heiteres, dessen Harmonie darauf beruht, daß alle Schwerfälligkeit aufgehoben, alles Pathos, alles Dunkle ausgeschlossen wird (Ft. 1). Das gilt ebensosehr von den Manieren und von der Sprache wie von der Kunst in allen ihren Äußerungen. Dieses Ethos verabscheut im Umgang die gestelzte Eloquenz, die polternde Pedanterie der sittenrichterlichen Strenge; Einfachheit, Zurückhaltung, Anmut, Winke und Anspielungen sind ihre Ideale. Ein leichter Sinn, ja das Leichtsinnige gilt als gesellschaftliche Tugend.

Das Paradies ist ›Verklärung‹, Versetzen der Dinge in eine natürlich-übernatürliche Klarheit. Verklärt wird das Licht, verklärt werden die Materialien. Begreiflich, daß gerade die Seide, deren leichter, feiner und kühler Stoff sinnlich unser Tastgefühl provoziert und zugleich durch seinen Glanz die Materie entwirklicht, zum Lieblingsstoff der Zeit wird; ähnliches gilt vom Porzellan. Die Seligkeit dieser irdischen

2 Antoine Pesne, Damen und Kavaliere in märkischer Landschaft, 1745. Berlin, Staatliche Museen Preußischer Kulturbesitz, Kupferstichkabinett

Elysien wird mit allen Sinnen genossen: nicht nur geschaut und gehört, sondern gefühlt, geschmeckt, geatmet. Es fällt die Unterscheidung zwischen den hohen und den niederen Sinnen. Die Künste des Geschmacks und Geruchs, Kochkunst und Parfümerie, bekommen jetzt einen nie geahnten Rang und gewinnen höchste Verfeinerung. Da der Genuß der Wonnen des irdischen Paradieses verfeinerte Sinnen-

3 Etienne-Maurice Falconet, Madame de Pompadour als Taubenvenus, um 1763. Washington D.C., National Gallery of Art

lust (*volupté*) ist, ist auch der Gegensatz zwischen Sinnlichkeit und Geist aufgehoben. Göttlich verklärte, verfeinerte Sinnlichkeit – das Geistreiche der Sinne – wird das Ideal. Das Paradies ist Miteinandersein; Einsamkeit gibt es da nicht. Seine Bewohner sind immer in Vielzahl, sind seliges Volk (Abb. 2). Das ist die Thematik der Gemälde Watteaus und seiner Nachfolger. Alle Verklärten sind einem Ideal angenähert. In einer aus solchem Ethos entspringenden Kunst kann es kein tiefes Porträt des individuellen Charakters geben. Régence und Rokoko sind die Zeit der Hochblüte des *portrait historié*, das die Dargestellten verklärt, indem es sie anspielend unter der Gestalt eines Gottes, einer Göttin (Abb. 3), einer Nymphe sieht. (Die Kehrseite der Medaille ist dann das frech demaskierende Porträt eines Maurice Quentin de Latour.) Das Sein im irdischen Paradies garantiert ewige Jugend.

So meidet das Rokoko in seinen typischen Gemälden die Darstellung der Spuren des Alters. Die weißen, im Rokoko schon kleinen Perücken verjüngen ihre Träger in paradoxer Weise, verleihen ihrem Teint das Blühende der Jugend. Die theatralische Konvention, wonach in Ferdinand Raimunds Zauberstück ›Der Bauer als Millionär‹ die

Jugend noch heute obligat im rosafarbenen Rokoko-Kostüm auftritt, hat einen guten Sinn. Der Winter, der Tod der Natur, wird jetzt zum erstenmal in seiner Heiterkeit gesehen, welche die Natur mit dem Weiß des weichen Schnees verzaubert, die Wangen jugendlich rötet; zu ihm gehört das neue Vergnügen des tanzgleichen Eislaufs, die Lustfahrt der nun federleicht gebauten Schlitten, deren Gleiten die Härten des Irdischen abstreift (Abb. 4). Sogar den Darstellungen des Krieges wird die idyllischste Seite abgewonnen (Watteau).

Eine Welt, die von den Nachtseiten des Lebens mit solcher Entschiedenheit absieht, ist eine Welt des Spiels, und zwar eine des Spiels ohne Ernst. Das Spielelement blüht im Rokoko so üppig auf, daß die Definition des Rokoko des Adjektivs »spielerisch« kaum mehr entbehren kann. Ein Spiel ohne Ernst ist par excellence das kindliche Spiel. Daraus versteht man, daß in Leben und Kunst die Sphäre des Kindes eine bis dahin nicht gekannte Bedeutung gewinnt, zum Beispiel bei

4 Nicolas Lancret, Der Winter, 1738. Paris, Louvre

5 Jean-Baptiste-Siméon Chardin, Knabe mit Kreisel, 1738. Paris, Louvre

Jean-Baptiste-Siméon Chardin (Abb. 5), daß die Spiele der Kinder bis in die Belustigungen der Erwachsenen hinaufdringen und in Bildern der Kunst sich widerspiegeln (*L'escarpolette, colin-maillart* usw.). Das Spiel ist aber nicht nur Gegenstand der Kunst, sondern die Kunst selbst wird als ein Spiel aufgefaßt und stellt sich selbst als solches dar. ›Spielend‹ gelingt die Vermählung der Künste. In keinem Gesamtkunstwerk spielen die Künste leichter, lebendiger, geistreicher in- und gegeneinander als im Rokoko. Dem Rokoko-Ornament fällt dabei die Initiative zu: Kaum mehr als zwei ornamentalen Formen werden ›spielend‹ unendliche Variationen, überraschende Metamorphosen entlockt. Und ebenso variabel spielt die Phantasie der Architekten mit wenigen ›Figuren‹ nach wenigen, strengen, aber leichten Regeln ein Spiel mit unendlichen Möglichkeiten, dessen Produkten der Ernst genommen ist. Der Träger dieser heiteren Künste, welche die Grenze zwischen Kunst und Leben überspielen, ist ein Adel, der seine eigenste Funktion verloren hat und sich im Spiel (auch im Glücksspiel) einen Ersatz dafür schafft.

Diese historische Situation erinnert in manchem an die des ›Internationalen Stils‹ um 1400.

Eine ›Weltanschauung‹, die von Tod, Sünde, Alter, Krankheit absieht, ist eo ipso nicht mehr christlich – aber auch nicht stoisch, eher epikureisch. Aus dieser Bestimmung des Rokoko läßt sich übrigens auch seine China-Vorliebe (Abb. 6) tiefer verstehen: als Anziehungskraft einer Welt, die eine Philosophie ohne Metaphysik mit einer überaus raffinierten Kultur des sinnlichen Genusses verbindet. Das christliche Gegenstück zum erotischen Sensualismus und Kult der weltlichen Liebe in Régence und Rokoko sind die Kulte des Herzens Jesu und des Herzens Mariae, die beide eine Generation früher eingesetzt haben. 1675 hat die heilige Marie Alacoque ihre Herz-Jesu-Vision, 1681 erscheint die Schrift des Jean Eudes ›Le Coeur admirable de la Mère de Dieu‹, 1689 Croisets Schrift ›Dévotion du S. Coeur de Jésu‹, die bahnbrechend für die volkstümliche Herz-Jesu-Andacht wird.

6 Schloß Sanssouci, Potsdam. Chinesisches Teehaus, 1754–64. Architekt: Johann Gottfried Büring

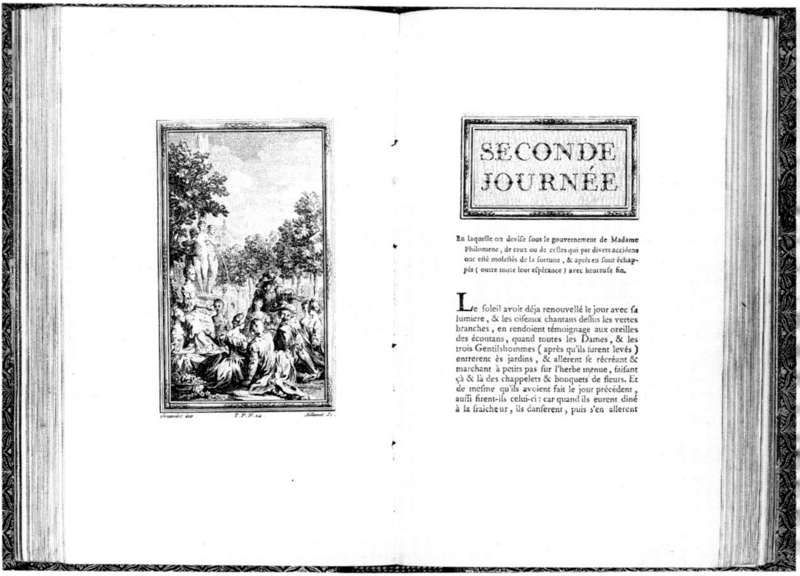

7 Hubert Gravelot, Illustration aus: Jean Boccace (Giovanni Boccaccio), Le Décaméron, Londres (Paris) 1757–61. Schweinfurt, Bibliothek Otto Schäfer (Sammlung Fürstenberg)

Die beiden umfangreichsten verlegerischen Unternehmen des 18. Jahrhunderts scheinen die zwei gegensätzlichen, miteinander kontrastierenden Pole des Rokoko zu verkörpern. Diderots und d'Alemberts 35bändige Enzyklopädie (1751–1765) ist ein Kompendium der Welt der Aufklärung (Abb. Frontispiz). Ihr Gegenstück bildet die Luxusausgabe von Jean de La Fontaines ›Contes et Nouvelles en vers‹ (1762), finanziert durch die *fermiers généraux.* Mit ihren Illustrationen von Charles Eisen, Pierre-Philippe Choffard und später Jean-Honoré Fragonard wurde sie zum Höhepunkt des amourösen und verfeinerten Genres. Doch beide Werke haben eine ganz wesentliche Gemeinsamkeit: ein gelehriges Interesse an den natürlichen Phänomenen, sei es nun die Physik oder die Liebe.

Durch die Illustrationen zu Büchern von Ariost, Boccaccio (Abb. 7), Antoine Houdard de La Motte, Margarethe von Navarra, Ovid, Rabelais und Voltaire, in Deutschland zu Büchern von Christian Fürchtegott Gellert und Christoph Martin Wieland, befreite sich das Rokoko von den Bindungen, die typisch waren für die Malerei in großem Format, wenn sie sich dem Thema der Liebe widmete. In der privaten Sphäre des Buches und der Drucke wurde sie gleichsam ›entmythologisiert‹. Boucher, Fragonard, Pierre-Antoine Baudouin, Anne-Claude-Philippe de Tubières, Comte de Caylus, Choffard, Charles-Nicolas Cochin d.J., Charles Eisen, Hubert Gravelot, Nicolas Lafrensen, Jean-Michel Moreau d.J., Augustin und Gabriel de Saint-Aubin und Johann Georg Wille spiegeln in ihren Werken den schrittweisen Einzug der Liebe in das bürgerliche Leben bis hin zu jenem Sentimentalismus am Ende der Epoche, der am besten in den Bildern von Jean-Baptiste Greuze (Abb. 8) nachzuvollziehen ist. Das barocke Pathos erscheint gewandelt in reine Liebesglut. Fragonards Bild *La chemise enlevée*, das zeigt, wie Cupido einem Mädchen das Hemd entreißt, ist vielleicht das eindringlichste Beispiel für dieses Phänomen. Der barocke mytholo-

8 Jean-Baptiste Greuze, Die Dorfbraut, 1761. Paris, Louvre

9 Pierre-Antoine Baudouin, Die Brautnacht, 1767. Kupferstich von Jean-Michel Moreau d. J.

gische Hintergrund war sicherlich noch verständlich; die allegorischen Attribute – Hymens Fackel – erinnern an ähnliche barocke Darstellungen mit Amor und Venus, aber ihre Funktion zeigt sich hier reduziert auf ein bloßes Alibi. Venus ist eine einfache Jungfrau geworden. Im Raub des Hemdes haben sich Symbol und symbolisches Ereignis vereinigt, und jeder Verweis auf ein olympisches Gleichnis ist verschwunden. Die Aufdeckung an sich ist zum Bildthema geworden: Amor wird zur Libido, obwohl sie sich immer noch in der Verkleidung Amors präsentiert.

Barocke Elemente bleiben auch in anderen ähnlichen Darstellungen gegenwärtig. Der Kuß, die Hochzeitsnacht, die Überraschung durch den Ehemann, das Bett als Bühne sind folgerichtig zu verstehen als Auflösung der barocken Themen der ›Götterliebe‹, der irdischen Liebesabenteuer Jupiters, der Jagden Pans nach den Nymphen und des Bettes als zeremonialem Ort.

Baudouins *Coucher de la mariée* (1767; Abb. 9) markiert am eindringlichsten das Ende der barocken Periode. In einem prächtigen Raum mit klassischem Dekor und einem Deckenfresko mit Amoretten, die über den Himmel fliegen, steht ein Bett mit Baldachin. Die Braut ist von ihrer Begleitung auf das Lager gedrückt worden, während sie selbst eine Krokodilsträne aus dem Augenwinkel wischt. Sie wird umarmt von einem Mann – aber es ist keineswegs ersichtlich, ob es sich um den Ehemann oder den Liebhaber handelt, von dem sie so Abschied nimmt. Die Diskrepanz zwischen klassischem Ort und banalem Geschehen wird vom Maler gründlich ausgekostet. Das Motiv verweist zurück auf die bacchantischen Prozessionen, aber es wird kein mythologisches Ereignis mehr beschworen, eher schon die wörtliche Realität, die sich unter den Augen eines scheinbaren Olymps vollzieht. Die Wirkung ist von ironischer Natur. Durch die Kunst ist die Mythologie in ihre Schranken verwiesen. Aber das Detail einer nur wenig geöffneten Türe, noch verborgen durch einen Wandschirm, ist bedeutsam. Die Zeremonialtüre des Louis XIV wird durch ein ›intimes‹ Möbelstück (den Wandschirm) ausgeblendet. Das Capriccio hat sich in einen Liebesscherz verwandelt. Obwohl Fragonard in seiner Zeichnung *Les jets d'eau* (Abb. 10) die Geschichte von Aktäon und den Nymphen in eine realistische Szenerie umgedeutet hat, sind die mythologischen Qualitäten hier immer noch gegenwärtig. Aber nicht mehr der antike Stoff ist das Thema, sondern die Leidenschaft, die er enthüllt.

Im Rokoko-Ornament, vor allem in den Ornamentdrucken, werden weitere revolutionäre Tendenzen des Stiles sichtbar. Das Rocailleornament muß sogar als Ergebnis dieser Erscheinungen verstanden werden. In Juste-Aurèle Meissonniers *Livre d'ornemens* (1734; Abb. 11), einer Sammlung relativ kleiner Ornamentstiche, erfährt das *genre pittoresque* seine erste vollständige Ausprägung. Muschelformen und andere ornamentale Stücke, wie zum Beispiel der C-Bogen, kristallisieren in Konstruktionen, die einerseits Architektur, andererseits reines Ornament darstellen können. Das Ergebnis manifestiert sich in einer besonderen Art des Wechselspiels. Vor unseren Augen verwandelt sich das Ornament in ein Motiv innerhalb eines Bildes, erscheint es als pittoreske Ruine in einer Landschaft; aber dann wird diese ›Beinahe-Architektur‹ wieder reine ornamentale Form, nichts darstellend außer der eigenen Gestalt.

Ursprünglich geht die *forme rocaille* auf die Grotesken von Jean Bérain und Daniel Marot zurück. In Ornamentstichen der späten Louis-XIV-Zeit bildet Bandelwerk den Rahmen für ein kleines zentrales Bildfeld, und dieser Rahmen selbst wird schrittweise vom Bild absorbiert und erhält dadurch sowohl architektonische als auch gegenständliche Substanz. Bei Meissonnier und ganz besonders bei Jacques de Lajoue (Abb. 12) wird das groteske Ornament zum eigentlichen Bildgegenstand. Die *forme rocaille* wird dargestellt als ein malerisches

10 Jean-Honoré Fragonard, Les jets d'eau, um 1765/70. Williamstown (Mass.), Sterling and Francine Clark Art Institute

11 Juste-Aurèle Meissonnier, Kartusche. Aus: Livre d'ornemens, Paris 1734

12 Jacques de Lajoue, Fontaine glacée. Aus: Livre nouveau de divers morceaux de fantaisie, Paris 1736

Objekt. Aber gerade weil sie kein wirkliches Objekt, sondern ein Ornament ist, sind die Stiche Dokumente einer ganz bestimmten Art von Ironie. Ornamentale Logik und Bildlogik geraten miteinander in Konflikt, durchdringen sich und kommen schließlich keineswegs zu klarer Trennung, eher schon zum Zusammenprall, der regelrecht formales Prinzip wird. Alle Bildgegenstände tendieren zur ornamentalen Form und erlangen so einen scheinbar irrealen Charakter; gleichzeitig verflüchtigt sich die Realität des Ornaments in etwas, das nur noch als Illustration erscheint. Im *Livre nouveau de divers morceaux de fantaisie* (Lajoue, 1736) existiert eine Welt des Grotesken, in der Ornament und Bild miteinander vermengt sind, ohne daß sie sich gegenseitig aufheben würden.

Der Zweideutigkeit von Ornament und Bild entspricht eine Zweideutigkeit in den Größenverhältnissen. Die *forme rocaille* verbindet sich mit menschlichen Gestalten und Putti. Aber handelt es sich nun um wirkliche Menschen innerhalb einer gigantischen Ornament-Architektur, oder sind sie Zwerge wie in Jonathan Swifts Buch ›Gulliver's Travels‹, das 1726 erschien? Sind sie Teil einer Gartenszenerie oder Mittelpunkt einer Tischdekoration? Eine Antwort auf diese Fragen ist nicht möglich. Man fühlt sich erinnert an Voltaires ›Micromégas‹ (1752), an jenen Bewohner des Sirius, der durch das Universum reist und, je nach Größe der Bewohner, deren Planeten er besucht, die Erfahrung unglaublicher Größe oder Winzigkeit macht.

Die Rocaille des grotesken Ornamentstiches – worauf der Klassizismus seine Definition des *genre pittoresque* gegründet hatte – war ›mikromegalisch‹ in ihrer Struktur. Eine Grundform des Rokoko wurde so geprägt, um künstlich ein Gegenspiel innerhalb einer bestimmten Art von Realität zu erreichen. Indem sich die Formen gegenseitig ergänzten, veränderten und in Spannung hielten, entstand jener Eindruck von Ironie, die letztlich nichts anderes ist als ein Spiel des Künstlers mit den Möglichkeiten seiner Kunst. Diese Möglichkeiten bedeuteten auch das Ende der klaren Trennung zwischen den verschiedenen Gattungen der bildenden Kunst: Malerei, Architektur, Skulptur, Dekoration. Für letztere war die Zeit gekommen, wegen des spezifischen Wertes ihrer Gattung Objekt bildhafter Darstellung zu werden. Damit wandelte sich das Gesamtkonzept: Wenn es einmal zum Bildmotiv geworden ist, erscheint ein Dekorationsprinzip nicht mehr als Realität; die Dekoration identifiziert sich mit dem künstlerischen

Ausdruck, mit der reinen Form, in der kompromißlosen Konzeption des *l'art pour l'art.* Dieser Austausch im Bereich der einzelnen Gattungen fand seine Ergänzung im Verschwinden der Dekoration an sich; nach dem Rokoko gibt es keine wahre und eigenständige Dekoration mehr; sie hat sich in diesen Aspekten des Rokoko aufgelöst, als sie selbst Objekt der Darstellung geworden ist.

Die Gattungen des französischen Rokoko

ARCHITEKTUR UND AUSSTATTUNGSKÜNSTE. Noch entschiedener als im 17. Jahrhundert ist von der Baukunst der Régence und des Rokoko die Bautheorie nicht zu trennen. *Génie, goût, règles* sind wesentliche Begriffe geworden. Der Architekt ist ein *savant.* Man ist weit entfernt von der Verherrlichung des ohne Regel schaffenden Genies. »Le premier mérite de l'architecture«, heißt es bei einem Schüler Blondels, »consiste de la part de l'artiste à n'employer du génie que ce que le goût autorise«. Die Theoretiker der ersten Hälfte des Jahrhunderts kennen nur ein einziges Geschmacksideal, welches man besitzen muß, um ernst genommen zu werden, und ihnen fällt die Aufgabe zu, von diesem Ideal des ›guten‹ Geschmacks allgemeingültige Regeln für die Baupraxis abzuleiten, die dann der einzelne Architekt je nach der besonderen Aufgabe wieder variieren soll. »Le goût réuni aux règles forme le bon architecte« (Blondel). Nach rein logischen Gesetzen werden die Regeln zu Systemen verbunden.

Der Schwerpunkt dieses rationalen Baudenkens verlegt sich jetzt auf den Innenbau und auf die angemessene Differenzierung der Bauaufgaben und -zwecke. Schon in der *querelle des anciens et des modernes* sahen die Modernen den wunden Punkt der klassischen Kunst in der Vernachlässigung des Innenraums; nach 1700 mehren sich die Stimmen, die darunter einen ästhetischen Mangel verstehen. An Werken des 17. Jahrhunderts tadelt man, daß der Innenbau nicht hält, was die Fassade versprochen hat, daß der Außenbau die Bestimmung des Gebäudes nicht eindeutig erkennen läßt, die Dekoration den Formen der Architektur nicht entspricht. Jeder Bau zeige die gleiche feierliche Größe, das gleiche Streben nach absoluter Vollkommenheit. Es fehlt nach Meinung der Theoretiker des 18. Jahrhunderts den Werken der Jules Hardouin Mansart, François Blondel und Claude Perrault die

Einheit des Ganzen und die Angemessenheit. Im Jahr 1702 erscheint zum erstenmal der Begriff der *convenance.* Die *convenance* erfordert eine Differenzierung sowohl der verschiedenen Bauten als auch am selben Bau der verschiedenen Räume nach ihrer Bestimmung. Man macht dem 17. Jahrhundert zum Vorwurf, daß es sich lediglich bemüht habe, den Geschmack der Großen zu befriedigen und sich zu wenig der *particuliers* angenommen habe (Charles-Antoine Jombert, 1728). »Certainement le rang des personnages qui fait bâtir est la source où doivent se puiser les différents genres d'expressions« [!], »le style convenable« (›Encyclopédie‹, II, 175). Am einzelnen Bau führt das Prinzip der *convenance* zu einer Differenzierung seiner Teile. Daß der Außenbau und der Innenraum sich im Rokoko so stark unterscheiden, folgt aus diesem Prinzip: Es wäre nicht angemessen, beide gleichwertig zu dekorieren. Aus der besonderen Bestimmung jedes einzelnen Raums werden seine Form, seine Größe, seine Proportionen und besonders auch das Maß, der Charakter und die Themen seiner Dekoration abgeleitet. Dabei bewirkt dieses auf rein gedanklichem Wege entstandene Architekturideal feinste Schulung der Sinne zum Erfassen dekorativer Werte. Eine Schönheit außerhalb der Angemessenheit gibt es nicht.

Man ist sich im Lager der französischen Architekturtheoretiker darüber im klaren, daß dieses neue Bauideal einen neuen Stil, ja eine neue Kunst hervorgerufen hat: die Kunst der *distribution.* Man sieht in ihr die entscheidende Errungenschaft der jüngsten Vergangenheit (Pierre Patte, 1765). Jacques-François Blondel behauptet 1752 von seinen Zeitgenossen, »que depuis environ cinquante ans ces derniers ont à cet égard inventé un art nouveau«.

DIE DER ARCHITEKTUR UNTERGEORDNETEN KÜNSTE. Es gibt im Rokoko Bilder, Möbel, Geräte usw., die nur in ihrem ursprünglichen Zusammenhang mit dem Bau, mit dem Raum, für den sie bestimmt waren, voll zu verstehen sind. Eine Supraporte von Chardin, von Jean-Baptiste Oudry verrät durch ihre Gegenstände, ihre Embleme oder allegorischen Allusionen, durch Form und Format, ja oft schon durch ihren farbigen Akkord, für welchen Zusammenhang sie gemalt worden war. Für ein ›freies‹, ›autonomes‹ Gemälde derselben Maler gilt das nicht.

Die Deckenmalerei großen Formats tritt zurück, weil sie formal wie farbig zu schwer ist, weil sie den irdischen Raum transzendiert und weil das barocke Prinzip der Illusion dem Rokoko nicht geistreich genug ist; es zieht die Allusion vor und sucht Grenzüberschreitungen. Deshalb kommt auch das illusionistische Öffnen einzelner Wandfelder nach der Seite hin im französischen Rokoko nur ausnahmsweise vor und öfter in den Entwürfen der Ornamentstecher als in der Realität (Gilles-Marie Oppenord, Hôtel d'Assy [Abb. 22]; Meissonnier, Salon der Prinzessin Sartorinski, d.i. Czartoryski). Wo illusionistische Malerei im System noch zugelassen wird, nimmt sie teil am Leichten, Lichten und Spielenden des gesamten Dekors. An der Wand sind die Orte der Malerei die Supraporten, die gerahmten Flächen der *panneaux* und Zwickel im Übergang zur Decke. Dabei kann die Holzunterlage selbst bemalt oder auf Leinwand gemalte Bilder können in die Felder eingefügt werden. Eine charakteristische Neuerung ist dabei das rahmenlose Bild, welches, seine Gegenstände in sich selbst begrenzend, wie die gemalte oder geschnitzte Kartusche eines Ornaments in der vom Stabwerk gerahmten leeren Fläche sitzt. Mit der Rahmenlosigkeit ostasiatischer Bilder darf sie so wenig verwechselt werden wie die Chinoiserien des Rokoko mit echt chinesischen. Sie entsteht aus der wachsenden Verselbständigung jener idyllischen Bild-Einsprengsel im Ornament der Groteske, von welcher die Panneauxmalerei ihren Ausgang genommen hat. Bei größter Naturtreue im einzelnen rückt dieses rahmenlose Bild sinnlich wie auch geistig in einen Bereich zwischen Ferne und Nähe. Themen und Bildbedeutung der architekturgebundenen Malereien sind wie die Wahl der Embleme und Ornamente durch die Bestimmung der betreffenden Räume vorgeschrieben. So gilt es als besonders vornehm, wenn in einem Jagdschloß alles auf die Jagd, in einem Falkenhaus auf den Falken, im Schlafzimmer auf Schlaf, im Musikzimmer auf die Musik verweist usw.

Diente der Gobelin früher zur Verkleidung der Wand, so wurde er nun zu einem von Boiserien gerahmten Wandbild (Abb. 13). Gleich anderen Kunstzweigen gab die Bildwirkerei ihre eigenen besonderen Ausdrucksmöglichkeiten auf, um sich dem Gesamtkunstwerk des Raums einzuordnen. Entscheidende Verbesserungen der Technik des Wirkens und Färbens führten zu einer vorher nie erreichten Freiheit der Textur und der farbigen Nuancierungen. Schließlich verfügte man über 1000 verschiedene Farbtöne. Während die Wirker früher die Kartons in die gröbere textile Struktur übersetzten, kopierten sie nun die feinsten Schattierungen der Vorlagen und traten in Wettbewerb mit

13 François Boucher (Entwurf), Die Entführung der Europa, 1765. Berlin, Staatliche Museen Preußischer Kulturbesitz, Kunstgewerbemuseum

der Malerei. Neben den Bildteppichen, die am Hautelisse-Stuhl mit senkrechten Kettfäden, wie in Paris, oder am Basselisse-Stuhl mit waagrechten Kettfäden, wie in Beauvais, hergestellt wurden, erlangten im 18. Jahrhundert die Savonnerien große Bedeutung: Das sind in einer Art Knüpftechnik am Hautelisse-Stuhl gewirkte Boden- und Wandteppiche, die durch das Aufschneiden der vorderen Knoten eine samtartige Oberfläche erhielten (französische Manufakturen in Chaillot/

Paris und in Aubusson). Im europäischen Geschmack gehalten, ersetzten sie die orientalischen Teppiche und deren meist schwere Farben durch lichte Töne, die nun auch den Bodenteppich in die Harmonie des Raumes einbeziehen.

Die Wirkung der wichtigsten plastischen Schöpfungen der Zeit war meist für eine präzise Funktion in einem individuellen Umgebungsraum mit bestimmten Lichteffekten berechnet, so daß jede Transferierung ein Wesentliches in der Erscheinung ändert. Das *hôtel* und die *maison de plaisance* bieten der Großplastik nur wenig Raum. Von der Attika und den Balustraden ist sie bis auf ein paar Putten oder Trophäen verschwunden, die Giebelfelder sind öfter heraldisch als figural ausgefüllt, die Fassaden ohne Skulpturenschmuck großen Formats. Eine prachtvolle Ausnahme ist Robert Le Lorrains Relief der Sonnenpferde über dem Portal der Stallungen des Hôtel de Rohan (1731–38; Abb. 14) – eine ungerahmte figurale Kartusche. In den Innenräumen

14 Robert Le Lorrain, Die Tränke der Sonnenrosse Apollos, 1731–38. Paris, Hôtel de Rohan, Portal des Marstalls

15 Charles Cressent, Kommode, Paris, um 1730. München, Residenz

zeigt sich Großplastik, meist in Nischen, nur noch in den repräsentativen Sälen oder Galerien (Hôtel de Toulouse; Abb. 21) oder als Freiplastik in den Treppenhäusern. Ihr eigentlichster Ort aber sind die Gärten und die Brunnen (Edme Bouchardons Fontaine de Grenelle, 1739–46; Abb. 34). Das Blei mit seinem milden Glanz wird ein beliebter Werkstoff; seine Verbindung mit dem Element des Wassers wird mit Vorliebe aufgesucht.

Zu den mit dem architektonischen Ensemble fest verbundenen Geräten gehört vor allem die Ausstattung der Kamine mit Girandolen, Kaminböcken, Kaminzangen, oft ganz aus Rocailleschnörkeln in Eisen oder Bronze geformt. Über die Lüster wurde bereits weiter oben gesprochen.

Auch die Möbel richten sich nach dem Prinzip der *convenance.* Ihre Größe und ihr Aufwand hängen ab von der Bestimmung des betreffenden Raumes. Die Anpassung an das jeweils Angemessene geht so weit, daß man je nach der Jahreszeit die Möbelüberzüge wechselt: Samt im Winter, Taft im Sommer. Die großen festlichen Säle enthielten meist nur wenig Mobiliar. Konsoltische, mitunter riesigen Formats, waren

Bestandteile der Wandstaffierung und setzten den Dekor des Raumes fort. Stühle, Sessel und Banketts standen in gleichmäßiger Reihung vor der Vertäfelung. Innerhalb des Ensembles tragen die Möbel – und die Kamine – die stärksten Kurven: Die Körper der Kommoden, die Lehnen und Beine der Sessel und Stühle zeigen die typischen Kurven schon auf der Stufe der Régence in großen Formen, während sie an den Boiserien erst in Kleinformen auftreten. Die großen Möbelkünstler der Epoche, der Ebenist Charles Cressent (Abb. 15), der Gestalter von Beschlagwerk (*fondeur-ciseleur*) Jacques Caffieri sind Schüler von Bildhauern oder selbst Bildhauer.

Gegenüber den mit der Dekoration eines Raumes fest verbundenen Möbeln brachten Einzelmöbel wie Kommoden, Schreibtische, Standuhren usw. eine andere Note in den Raum, manchmal schon dadurch, daß ihr braunes Furnier mit der meist weiß-goldenen Vertäfelung kontrastierte. Da sie veränderlich in der Aufstellung waren, unterbrachen sie die strenge räumliche Ordnung des Mobiliars. Sie konnten, etwa der Schreibtisch des Schloßherrn, die *poudreuse* der Dame oder der *trésor* (Schreibschrank), in dem Dokumente und Briefe verwahrt wurden, Ausdruck des persönlichen Geschmacks, der Launen und Liebhabereien ihrer Besitzer sein. Diese ebenso individuellen wie intimen Möbel fertigte der Kunstschreiner, der oft auch außerhalb Frankreichs den Titel *ébéniste* führte. Er war der König der Holzhandwerker, der mit edelsten Hölzern (Cayenne-, Satin-, Veilchen-, Rosen-, Amaranten-, Palisanderholz) furnierte oder ›marquettierte‹, kostbare Einlegearbeiten schuf, während den plastischen Schmuck der Prunkmöbel vorzügliche feuervergoldete Bronzen lieferten. Diese Möbel wurden überaus hoch geschätzt und oft teurer bezahlt als die Meisterwerke der Malerei. Ihren Typus prägte die 1723 gegründete Zunft der Pariser Ebenisten.

Zur beweglichen Plastik gehört das plastische Porträt der Büste und die Kleinplastik in verschiedenen Größen und aus verschiedenem Material. In der Porträtplastik dominiert der Marmor; man nahm ihm die angeborene Schwere, indem man seiner Haut den matten Schimmer von Seide verlieh. Holzplastik spielt in Frankreich keine Rolle; wo sie vorkommt, täuscht ihre weiße Fassung meist Marmor vor. Das Material der Kleinplastik sind das Blei, der Ton, später das *biscuit*, zweimal gebranntes, unglasiertes Porzellan (Abb. 38). Ihre Sujets findet die Kleinplastik in der intimen Mythologie, in der Pastorale und in der

16 Antoine Watteau, Das Firmenschild des Kunsthändlers Gersaint, 1721. Berlin, Schloß Charlottenburg

Welt des Theaters. In den Gemälden der Zeit sehen wir diese bewegliche Plastik auf Konsoltischchen, Kaminen, Etageren stehen. Zur Feinplastik des Reliefs gehört die Kunst der Medaille. Die Verfeinerung der Prägekunst wird bei Werken des dritten und vierten Jahrzehnts des 18. Jahrhunderts augenfällig; der Höhepunkt liegt in der Jahrhundertmitte. Die Porträtmedaillen dieser Zeit im feinsten und flachsten

Relief kommen, ähnlich den schönsten zeitgenössischen Goldmünzen, den elegantesten gemalten Bildnissen gleich. Als Präsent im Kreis der Souveräne und Feudalen ging die Rokoko-Medaille in die Welt. Führend ist auch hier Paris mit seiner großen, in Jean Mauger und dem älteren Jean Duvivier ruhenden Tradition.

DIE ›FREIEN‹ KÜNSTE. Neben den an das Gesamtkunstwerk gebundenen Künsten stehen die davon unabhängigen. Die ›freie‹ Malerei des gerahmten Tafel- und Staffeleibildes sucht sich, soweit sie nicht in den Bilderkabinetten versammelt ist, ihren individuellen Platz, je nach Geschmack und Laune des Besitzers, im System der Wandfelder oder auch ohne Rücksicht darauf. Watteaus Malerei ist zum geringeren Teil dekorativ, zum größeren Teil Kunst des ›freien‹ Kabinettstücks, daher kleinen Formats. Doch ist eines seiner Meisterwerke das im Freien der Lünette des Kaufladens eingefügte Ladenschild des Bilderhändlers Gersaint (Abb. 16). Ähnliche Bestimmung hatte ursprünglich wohl auch sein *Gilles* (Abb. 17). Freie Malereien sind, abgesehen von den Supraporten mit Musikinstrumenten und dergleichen, die meisten Bilder Chardins; dagegen waren die großen Porträts eines Hyacinthe Rigaud, Nicolas de Largillière, Jean-Marc Nattier, Boucher, namentlich die repräsentativen Standesporträts, oft fest in den Wandzusammenhang eingefügt.

Freie Kunst sind wie zu allen Zeiten das einzelne graphische Blatt, die Zeichnung, das individuelle Kupferstichblatt, die Schabkunstblätter – Gattungen, in denen die improvisatorische Begabung des Rokoko triumphiert.

Aus der Bindung an die Architektur, der sie manchmal durch gleichartige und gleichfarbige Einbände eingefügt sind, lösen sich auch die kostbaren Bücher. Ihre Bestandteile Einband, Titel, Druckseiten, Bilder fügen sich zu einem kleinen Gesamtkunstwerk für sich. Für die Buchkunst und insbesondere die Buchillustration war das Rokoko ein goldenes Zeitalter; meisterhafte Beispiele sind vor allem in Paris entstanden. Auch hier wird das Schwere, Ernste und Pompöse durch das Leichte, Heitere und Festliche verdrängt. Folio- und Quartformat weichen den zierlichen Kleinoktav- und Duodezbänden. Die Brüder Goncourt haben das 18. Jahrhundert im Gegensatz zu dem vorangehenden »Jahrhundert des Frontispizes« das »Jahrhundert der Vignette« genannt. In nie dagewesener Mannigfaltigkeit drängen die Vignetten nicht selten den Text in die Rolle eines dienenden Begleiters des Buchschmucks zurück. Der Kupferstich hat den Holzschnitt fast völlig verdrängt. Die Zeichnungen der Buchillustratoren werden von erstrangigen Stechern ausgeführt. Die Einbände – aus braunem Kalbleder für das gewöhnliche, aus rotem Maroquin für das luxuriöse Buch – beschränken ihren Schmuck meist auf einen zierlich bewegten

17 Antoine Watteau, Gilles, um 1717/19. Paris, Louvre

Rahmen von Blumenranken und Palmetten mit ausladenden Eckstücken, die sich nach dem Mittelfeld vorschieben. Eine Neuerung sind die mit der Régence aufkommenden Ledermosaikeinbände, von denen nur einige hundert Exemplare bekannt sind (Abb. 18). Sie waren schon im 18. Jahrhundert begehrte Sammelobjekte. Aus den vielen hundert in Paris tätigen Buchbindermeistern ragen drei Familien hervor: die Padeloup, Lemonnier und Derome. Diese Familien sind großenteils miteinander verschwägert und haben ihre Tradition durch Generationen hindurch gepflegt.

18 Jacques-Antoine Derome, Maroquinband, um 1750. Aix-en-Provence, Bibliothèque Méjanes

DIE ORNAMENTGRAPHIK. Im 18. Jahrhundert erlangte die Ornamentgraphik (das ›ornamentale Vorlageblatt‹) eine außergewöhnliche Bedeutung. Die extremen Repräsentanten des *genre pittoresque*, Juste-Aurèle Meissonnier (Abb. 11, 26), Jacques de Lajoue (Abb. 12), Pierre-Edme Babel und François de Cuvilliés (Abb. 19), um nur die wichtigsten zu nennen, waren, mit Ausnahme des letzteren, kaum als Architekten und eher als Dekorateure tätig; sie kompensierten dies durch die Realisierung ihrer quasi-architektonischen Ideen im Medium der (grotesken) Ornamentstiche. Wie das Beispiel de Lajoue zeigt, war am ehesten noch die Theaterkulisse für eine solche, zumindest bildhafte Realisierung der ornamentalen Phantasie geeignet. Die *forme rocaille* des Ornamentstiches wurde – jedenfalls in Frankreich – nicht mehr in Schnitzerei oder Stuck übertragen; ganz im Gegensatz zu Deutschland, wo es durchaus zu solchen Realisierungen von Einfällen der Ornamentgraphik in der angewandten Dekoration kam.

Die ›freien‹ Maler gestalteten Ornamente – Boucher entwarf beispielsweise schöne radierte Blätter mit Rocaillen –, während umgekehrt ein Dekorationsgraphiker wie de Lajoue Ölbilder mit phantastischen Rocaillearchitekturen malte. Völlig neu war das allerdings nicht, denn bereits im 16. Jahrhundert gab es manieristische Ornamentdrucke, die weniger Vorlagen für das Kunsthandwerk als eigenständige Bilderfindungen waren. Die revolutionären Gedanken – das Orna-

19 François de Cuvilliés, Kartusche. Frontispiz des Livre de cartouches, München 1738

20 Jean Mondon, Kartusche. Aus: Premier livre de formes rocailles et cartels, Paris, um 1736

19

20

ment als Bildgegenstand, der Mikromegalismus, die Vertauschung der Kategorien – erschienen zuerst nicht im gebundenen Ornament der Innendekorationen, sondern im freien Ornament der Stichwerke, deren Folge jetzt nicht mehr abriß, und in den Stichen der Architekturtraktate, die den neuen Stil propagierten: 1732 oder 1733 Meissonniers *Livre de légumes*, 1734 sein *Livre d'ornemens* (Abb. 11); seit 1734 de Lajoues verschiedene *Livres de cartouche*; wahrscheinlich 1734 Babels *Cartouches pitoresques*; 1736 de Lajoues *Livre nouveau de divers morceaux de fantaisie* (Abb. 12); 1735 Jean-Antoine Fraisses *Livre de dessins chinois ..., de Perse, des Indes*; 1736 vier Fortsetzungen von Jean Mondons *Premier livre de formes rocailles et cartels* (Abb. 20); 1736 Mondons *Ornements chinois*; vor 1740 Babels *Rocaille*; 1743 Peyrottes *Vases rocailles* usw.

Jetzt, im 18. Jahrhundert, wurden die graphischen Vorschläge, gerade weil sie sich als praktikabel ausgaben, von der klassizistischen Opposition sehr beargwöhnt. Man sah das Gefährliche und Revolutionäre und ahnte vielleicht auch schon, daß die Entwicklung des abendländischen Ornaments an ein Ende gekommen war.

DAS THEATER. Seit 1680 tritt in Paris die Komödie in den Vordergrund, und zwar in zwei Spielarten: als *comédie des mœurs* und als *comédie des surprises.* Im gleichen Jahre wurden die Comédie française und die Comédie italienne installiert. Zwar wollte man die Schauspieler der letzteren 1697 aus Paris vertreiben, aber nach dem Tode Ludwigs XIV. holt sie der Regent 1716 ins Hôtel de Bourgogne zurück. Die *naïfs italiens* werden die idealen Interpreten für die Komödien von Marivaux (Aufführung des Stückes ›La surprise d'amour‹, 1722) und erleben ihr goldenes Zeitalter um 1720–23. Mit der großen Bedeutung der Comédie italienne steht Frankreich allein. Weder in Italien noch in Deutschland oder England hat die italienische Komödie jemals eine künstlerisch wesentliche Rolle gespielt, während sie sich in Frankreich zu einer literarisch gehobenen Form und zu einer geschlossenen Kunstgattung entwickelte. Daneben blühen die *opéra comique* und die *théâtres de foire.* Über den Charakter der Bühnenbilder wissen wir wenig. Bérains Entwürfe mit einer Unterteilung der Bühne in hintereinander gelegte Querräume gehören noch der Spätzeit Ludwigs XIV. an. In der Ablehnung schwerer malerischer Lichteffekte und plastischer Wirkungen bereitet Bérain aber das Bühnenbild der Régence und des

Rokoko vor. Das erstere wird uns in Gemälden Gillots und Watteaus einigermaßen faßbar; doch wer der führende Bühnenbildner der Régence gewesen ist, bleibt unklar. Auch die Frühzeit des Rokoko ist nur aus wenigen Entwürfen de Lajoues zu ahnen. Doch dann tritt seit 1737 Boucher als der wohl typischste Bühnenbildner des französischen Rokoko hervor. Neben ihm vertritt Giovanni Niccolò Servandoni, welcher die *scena per angolo* (Abb. 56) Ferdinando Galli-Bibienas und Filippo Juvaras in Paris einführt, das italienische Bühnenbild in französischer Version. Das Theater wirkt zurück auf die Sujets der Malerei. Nirgendwo in Europa haben das Theater als Bildmotiv, die Rollen- und Schauspielerporträts einen so hohen Rang wie im Frankreich der Régence und des Rokoko. Nur England nimmt diese Tradition auf und führt sie ins späte Dixhuitième weiter.

Stilphasen im französischen Rokoko

DIE URSPRÜNGE (1675–1715). In diese Zeit fällt die *querelle des anciens et des modernes*, die sich zwischen 1687 und 1701 abspielt und mit dem Sieg der Modernen endet. Zwischen 1670 und 1690 tobt innerhalb und außerhalb der Académie royale der Streit um die Bedeutung des Kolorits, der Streit der Poussinisten gegen die Rubenisten; die letzteren stehen auf der Seite der Modernen. 1673 erscheint die Schrift des Privatmanns Roger de Piles ›Dialogue sur le coloris‹. Unter Coypel (Präsident der Académie nach Lebruns Tod 1690) ist der Streit schon gegenstandslos; 1699 wird de Piles in die Akademie aufgenommen.

Im gleichen Zeitraum entsteht an kleinen Schlössern jenes Fassadensystem, welches in der folgenden Phase die Führung übernehmen wird, zuerst 1674 an dem Château du Val bei Saint-Germain, das Jules Hardouin Mansart als ein *retour de chasse* für Ludwig XIV. erbaute, der in diesem einfachen Haus Ruhe und Einsamkeit finden wollte. Ganz ebenerdig, ist es doch »loin de rappeller comme le Trianon un décor de théâtre, il annonçait déjà les petites maisons qui seront bientôt à la mode« (Hautecoeur). Das gleiche System wird zweigeschossig entwickelt am Château d'Issy des Präsidenten Talon, 1681 von Bullet erbaut – und doch sollten noch 25 Jahre vergehen, bis es sich an zahlreichen Pariser *hôtels* unmerklich und widerstandslos durchsetzen würde.

Ein entscheidendes Jahr ist 1699. Die Akademie wird reorganisiert, de Piles wird aufgenommen, Hardouin Mansart wird *Surintendant des bâtiments,* Pierre Lepautre wird sein erster *Dessinateur,* eine neue Aktivität beginnt in Meudon, Marly, Versailles und Trianon. In diesen Appartements für den König, den Grand Dauphin und die junge Duchesse de Bourgogne kreiert Lepautre das von Bérain vorbereitete neue dekorative System der Innenräume, wird zum Bahnbrecher des *style nouveau,* zum ›Vater des Rokoko‹. An denselben Aufgaben findet Audran das Prinzip der neuen dekorativen Malerei. Beide knüpfen dabei an Bérain an. Schon in diesen Arbeiten für den Hof ist der Barock mit seinem räumlichen und plastischen Dynamismus ersetzt durch eine leise Bewegung fließender Linien und Oberflächen.

Seit 1705 verbreitet sich das neue Wandsystem an vielen *hôtels* des Faubourg Saint-Germain und des Faubourg Saint-Honoré, und zwar besonders nach dem Tode Hardouin Mansarts 1708, dem Robert de Cotte als königlicher Architekt nachfolgt. Doch spielt bei der Entwicklung des Neuen weder de Cotte eine entscheidende Rolle noch Boffrand. De Cottes Domäne sind die großen Bauten des Königtums. Boffrands etwas altmodisch breiter Stil paßt besser nach Paris als zur Sphäre des lothringischen Hofes Leopolds, für den er von 1703 bis 1720 mehrere große Schlösser entwirft (Lunéville, La Malgrange, Nancy), oder zu der des Brüsseler Hofs des emigrierten Kurfürsten von Bayern Max Emanuel (Jagdschloß Bouchefort, 1713). In Paris sind seine Bauten, an denen sogar die Kolossalordnung noch eine Rolle spielt (Hôtel Amélot de Gournay, 1712), schon ebenso überholt wie auf dem Lande das Schloß Montmorency, das Jean-Sylvain Cartaud für den reichen Bankier Pierre Crozat, den Gönner Watteaus und großen Kunstsammler, schon 1702 begann. Die maßgeblichen Bauten sind Lassurances Hôtel de Maisons und Hôtel d'Auvergne, beide 1708 fertiggestellt, schon nahezu in dem Schema, welches sich die ganze erste Jahrhunderthälfte nicht verändern wird. Daneben stehen die frühen Werke des Jean-Baptiste Alexandre Leblond: das Hôtel de Vendôme (1705–06, vergrößert 1714–16), das Hôtel de Clermont (1708–14), das Haus Dunoyer (1708) und etwas später de Cottes Hôtel de Lude (1710) und Hôtel d'Estrées (1713). Oppenord tritt noch nicht entscheidend hervor. In der Theorie propagiert der Verfasser der 1702 erschienenen ›Mémoires critiques d'architecture‹, René Frémin, schon den neuen Stil. Wann und an welchem Bau sich die neue Gestalt des Außenbaus mit dem neuen System der Innendekoration zusammengefunden hat, ist wegen der vielen Verluste nicht genau zu bestimmen. Jedenfalls hat in der Innendekoration Pierre Lepautre unbestritten die Führung. Erst 1712 wird François-Antoine Vassé aktiv, voll von neuen Ideen (Abb. 33). In der malerischen Dekoration stoßen zu Audran um 1700 Gillot, gegen 1707–08 der junge Watteau, der im Atelier Audrans mitarbeitet. 1712 wird er als *agrégé* von der Académie royale aufgenommen. 1714 geht Leblond nach Rußland, um nicht wiederzukehren. 1716 stirbt Lepautre. Das Thema des Plafonds der Chancellerie d'Orléans in Paris bringt 1708 die bildliche Proklamation der neuen Gesinnung: ›Les amours‹ vertreiben die großen Götter aus dem Olymp. Sie muß an diesem Ort ähnlich revolutionär gewirkt haben wie die Aufführung von Beaumarchais' ›Hochzeit des Figaro‹ vor dem Versailler Hof 1784.

REGENCE (1715–1730). Als 1715, nach dem Tode Ludwigs XIV., der Herzog Philipp von Orléans, ein passionierter Sammler und begabter Dilettant, die Regentschaft für den fünfjährigen Ludwig XV. übernimmt, ist jene Pléiade vierzigjähriger Architekten und dreißigjähriger Dekorateure, Maler, Ebenisten und Gartenkünstler beisammen, die jetzt den Stil bestimmen wird.

Oppenord (die Familie stammt aus Geldern), schon seit 1712 *Premier architecte de Monseigneur le Duc d'Orléans,* übernimmt die Führung in der Architektur, Vassé, die rechte Hand Robert de Cottes, in der Dekoration, Watteau in der Malerei, Nattier im Porträt; Cressent begründet als Hofebenist des Regenten, für den seit 1715 auch Cartaud arbeitet, den neuen Möbelstil der Régence (Abb. 15). Führend als Aufgabe ist nicht die Pariser Residenz des jungen Königs in den Tuilerien, sondern die Orléans' im Palais-Royal. Hier waren schon vor 1715 die große Flucht der Räume im ehemaligen Palais Brion und die Äneas-Galerie entstanden und von Coypel ausgemalt worden. Jetzt baut und dekoriert Oppenord den großen Ecksalon an der Rue de Richelieu und das Appartement der Herzogin an der Gartenseite. Das Modernste findet sich aber in der Flucht kleiner Kabinette, welche die großen Gemächer an der Südseite begleitet. Neben dem Regenten, dessen Mätressen, den Mitgliedern des Regentschaftsrates und den hohen Beamten der Regentschaft spielen die reichen Finanziers als Auftraggeber eine hervorragende Rolle, so der berüchtigte Law, vor allem aber

21 Hôtel de Toulouse, Paris. Galerie dorée, 1718ff. Dekoration: François-Antoine Vassé

Pierre Crozat *le jeune.* Sein seit 1702 erbautes *hôtel* (Rue de Richelieu 91–93) hatte Brice als eine der »maisons les plus agréables et les plus curieuses« von Paris bezeichnet. In der *galerie dorée,* die den Ärger Ludwigs XIV. erregt hatte, sah man die bewundernswerte Kunstsammlung, in der Watteau die Venezianer studierte. Wie in Paris war Crozat auch in seinem Schloß bei Montmorency, dessen Orangerie Oppenord 1719 erbaut hatte, der Nachbar des Regenten. In einer gewissen Opposition stehen die Bauten der Bastarde Ludwigs XIV., die aus dem *conseil* des Regenten ausgeschlossen worden waren. Für sie arbeiten andere Architekten: de Cotte, Boffrand, Jumel, Mollet, der Italiener Giardini, Jean Aubert. Das bedeutendste unter diesen Gebäuden ist das *hôtel* des Herzogs von Toulouse, früher Hôtel de la Vrillière, heute Banque de France, dessen *galerie dorée* unter Beibehaltung des Grisaille-Plafonds

François Perriers Vassé seit 1718 dekorierte (Abb. 21); es ist fast der einzige Raum dieser Zeit, in den Großplastik eingefügt wurde.

Die Blütezeit der Régence liegt zwischen 1717 und 1721. In diesen Jahren malt Watteau seine späten Meisterwerke, von dem *Embarquement pour Cythère* (1717; Ft. 2), welches ihm die Aufnahme in die Académie als *peintre des fêtes galantes* einbrachte, bis zum *Gilles* (1717/19; Abb. 17) und der *Enseigne de Gersaint* (1721; Abb. 16). In jener Zeit kulminiert die Tätigkeit Oppenords; erhalten ist nur wenig, der Salon des Hôtel d'Assy etwa (1719; Abb. 22). 1719 entstehen auch die eleganten großen Hofstallungen des Duc de Bourbon (Condé) in Chantilly, 1720 die Hôtels de Noirmoutiers und de Matignon (Abb. 23), beide von Jean Courtonne, das Palais-Bourbon (Abb. 24) und das benachbarte Hôtel de Lassay (Abb. 25), beide begonnen von Giardini und zu Ende geführt von Jean Lassurance, Jacques Gabriel und Aubert. 1719 erscheinen die ›Reflexions critiques sur la poésie et sur la peinture‹ des Abbé Dubos mit der These, daß die Gesetze der Kunst nicht von der Vernunft, sondern von der Sensibilität bestimmt sind. 1722 wird der Hof des Regenten nach Versailles verlegt. Nach seinem Tode 1723 tritt für einige Jahre eine gewisse Stagnation ein.

22 Hôtel d'Assy, Paris. Salon, 1719. Dekoration: Gilles-Marie Oppenord

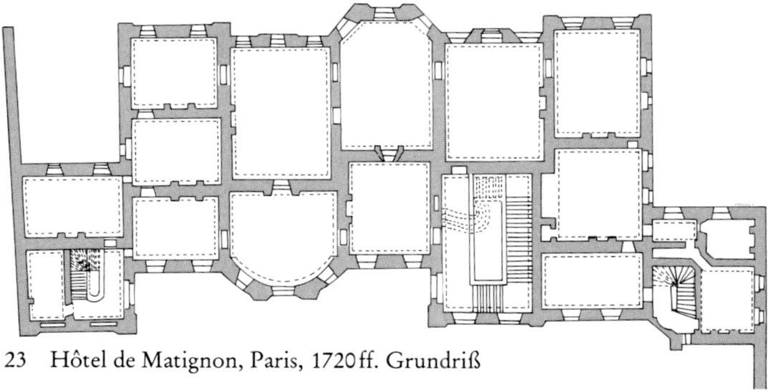

23 Hôtel de Matignon, Paris, 1720 ff. Grundriß

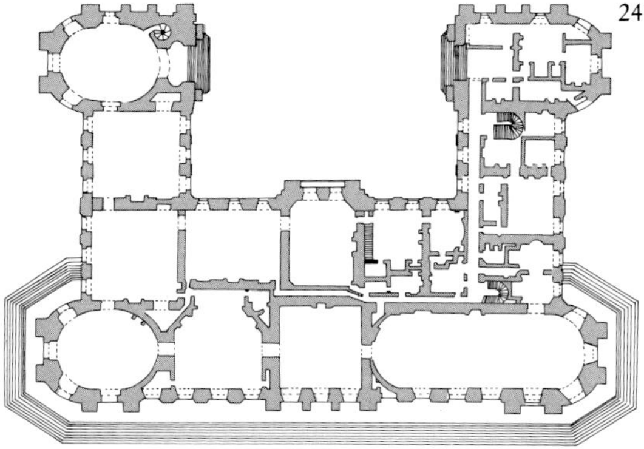

24 Palais-Bourbon, Paris, 1720 ff. Grundriß

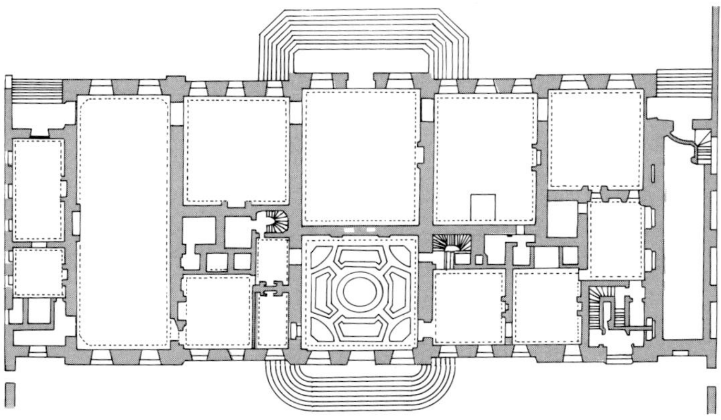

25 Hôtel de Lassay, Paris, 1720 ff. Grundriß

Die Grundlage des dekorativen Systems, welches Pierre Lepautre geschaffen hatte, hat sich auch unter der Regentschaft nicht verändert. Doch werden ihm bei Oppenord, bei Vassé und namentlich bei dem in Toulon geborenen Ornamentgraphiker Bernard Toro italienische Elemente, nicht nur der Borromineske, sondern auch oberitalienische, neu eingeschmolzen, und zwar stärker im Ornamentstich als in den ausgeführten Raumdekorationen. Das Genie dieser Stufe ist Watteau; sein Werk übersteigt an Bedeutung die bewußt konventionelle Kunst der Régence bei weitem. Bei ihm ist der antike Olymp, auch der amouröse, nur mehr ›eingeklammert‹ da: Die Götter sind in seinen Gemälden nur mehr als steinerne Statuen oder Hermen anwesend.

›STYLE ROCAILLE‹ (1730–1745). Ab 1730 treten neue Protagonisten auf: Meissonnier, der vor 1728 aus Rußland zurückgekehrte Nicolas Pineau, Boucher. Sie bilden die ›Troika‹ des Rokoko, so wie Oppenord, Vassé und Watteau die der Régence. Meissonnier hat in der Formulierung des neuen Stils, der sich bei ihm am frühesten in Entwürfen für Silberschmiedearbeiten (Abb. 26), zum Beispiel für den berühmten Leuchter von 1728, zeigt, einen gewissen Vorsprung. Seine stark mit

26 Juste-Aurèle Meissonnier, Entwurf für eine Terrine. Aus: Œuvre de Juste-Aurèle Meissonnier, Paris o. J. (um 1750), Nr. 62, Folio 24

27 Hôtel de Matignon, Paris. Antichambre, um 1731. Dekoration: Nicolas Pineau (?)

Motiven des italienischen Spätbarock befrachtete Kunst – er ist in Turin geboren – entspricht weniger dem Pariser Geschmack als dem seiner portugiesischen und aus Polen emigrierten Auftraggeber (Dekorationsentwürfe für den Marschall Bielinski und dessen Schwester, die Prinzessin Czartoryski). Auch sein einziger Entwurf für ein ganzes Gebäude, die Maison Bréthous, zeigt in dem traditionellen System der Dekoration schwere spätbarocke Einzelheiten; das Haus war bezeichnenderweise nicht für Paris, sondern für Bayonne geplant. Stärkste Wirkung haben aber seine Stichwerke gehabt – die erste Serie erschien 1734 (Abb. 11) –, doch auch sie nachhaltiger im Ausland als in Frankreich. Maßgebend für die Erfindung des *genre pittoresque* und dessen Aufnahme in französische Innenräume ist Pineau geworden. In Zusammenarbeit mit dem Architekten Jean-Baptiste Leroux hat er vor Meissonnier Räume entworfen und ausgeführt, in denen alle neuen Erfindungen verkörpert sind: die Rocaille, die Asymmetrie, der Kontrast. Mehr als Meissonnier und jeder andere hat er den Charakter und den Typus der dekorativen Ensembles festgelegt, die jetzt in Frankreich zur Herrschaft kommen.

Die wesentlichen Innovationen finden nun wirklich im Innenraum statt; der Außenbau bringt kaum mehr Neues. Zwischen 1730 und 1735 hat sich der *goût nouveau* in den Bauten Privater ausgeformt; erst seit 1738 dringt auch er in die Appartements des Hofs ein. Es gibt hier scheinbar nirgendwo revolutionäre Neuerungen, nur eine extreme Leichtigkeit, Delikatesse und Ungezwungenheit im Spiel der neuen Formen, doch haben die Zeitgenossen in diesen Werken sogleich den *style nouveau* erkannt. In seinem ›Temple du goût‹, 1733, sieht ihn Voltaire so: »Le tout boisé, verni, sculpté, doré«. 1731 entsteht die Antichambre des Hôtel de Matignon, ein von Pineau gestaltetes Meisterwerk des neuen Geschmacks (Abb. 27), 1732 die Dekoration des Hôtel de Rouillé, im gleichen Jahr der Grand Salon und der Salon Rouge im Hôtel de Roquelaure, 1733 die Galerie im Hôtel de Villars (Abb. 28), alle von Leroux und Pineau. Von 1732 bis 1737 schafft der dann siebzigjährige Boffrand, der erst jetzt den vollen Anschluß an die neue Entwicklung findet, den berühmten Ovalen Salon im Hôtel de Soubise (Abb. 29), mit den Bildern Charles Natoires und den Reliefs von Jean-Baptiste Lemoyne. 1735 folgen die Hôtels Gontaud Saint-Blancard und Mazarin, 1738 die Neuausstattung der Maison de Boutin. 1731 war Boucher aus Italien zurückgekehrt und in die Académie aufgenommen worden und schaltete sich mit seinen dekorativen Malereien in die neue Strömung ein. De Lajoues Entwürfen dagegen sahen es schon die Zeitgenossen an, daß sie »autant du règne précédent que de celui-ci« waren.

28 Hôtel de Villars, Paris. Galerie, 1733. Dekoration: Nicolas Pineau

›STYLE POMPADOUR‹ (1745–1764). In den Jahren 1737–38 war die Bewunderung für den *style nouveau* noch allgemein. 1742 sieht Boffrand aber bereits voraus, daß er sich nicht lange halten werde. Gegen 1745, nur zehn Jahre nach ihrer Kulmination, ist die *forme rocaille* in Frankreich schon bedeutungslos geworden. Sicherlich noch später zu finden, wirkt sie aber nicht mehr stilbildend, stellt keine neuen Probleme.

So falsch es wäre zu meinen, der Übergang vom Rokoko zum Klassizismus der sechziger Jahre ließe sich überhaupt als eine Rückbildung im Sinne des Wölfflinschen Dreitaktes auffassen, so berechtigt ist es jedoch, die Änderung des Dekors in den späten vierziger und den fünfziger Jahren unter diesem Aspekt zu sehen. Auch am Außenbau ist ein Abstoßen gewisser Elemente, die durch mehr als zwei Generationen obligat gewesen waren, feststellbar: Von den Fassaden wie von den *panneaux* verschwinden die ›unentschiedenen‹ Bogenformen und machen geraden Stürzen und Feldern Platz. Bewahrt wird die Feinheit des Reliefs der vorangehenden Stufe, welches aber jetzt als die zarte Oberfläche einer massiveren Substanz erscheint. Diese Wandlung läßt sich an den vielen und äußerst kostspieligen Bauten für die *Maîtresse en titre* des Königs Schritt für Schritt verfolgen. Seit 1746 entstehen als Umbauten für die Marquise de Pompadour (Ft. 3): das Château de Crécy bei Dreux, mit Gemälden von Boucher, 1830 demoliert; das Château de Champs in Brie, noch ganz im *genre pittoresque*; das Petit

29 Hôtel de Soubise, Paris. Salon ovale, 1738–40. Dekoration: Gabriel-Germain Boffrand

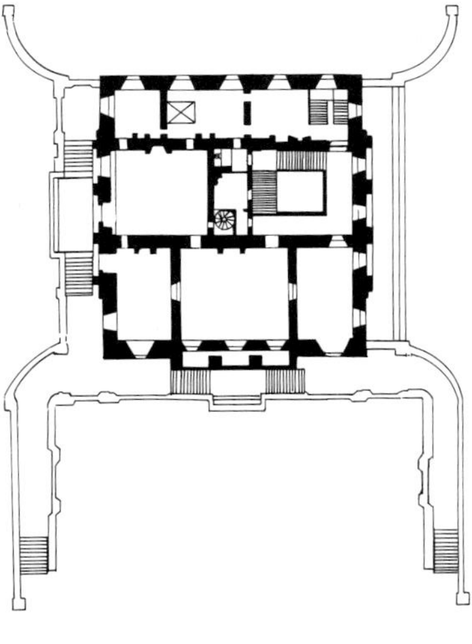

30 Petit Trianon, Versailles, 1762–68. Hauptfassade. Architekt: Jacques-Ange Gabriel

31 Petit Trianon, Versailles, 1762–68. Grundriß

Château de la Celle, 1747; die Eremitagen von Versailles, Fontainebleau (beide 1749) und Compiègne (1753–54); Bellevue (1748–50); ihr *hôtel* in Versailles und das Hôtel d'Evreux in Paris. Ihr Hauptarchitekt ist Jean Lassurance, ihr Ausstatter Jeanson. Der Architekt, der den Übergang herbeizuführen berufen war, sollte Jacques-Ange Gabriel sein, also ein Angehöriger der älteren Rokoko-Generation. Nachdem sich de Cotte 1734 zurückgezogen hat, wird Gabriel *Premier architecte du roi.* Mit ihm arbeitet dauernd zusammen Jacques Verberckt, der führende Dekorateur dieser späten Stufe.

Den Bruch mit dem Rokoko bringt der Baukörper des Petit Trianon (1762–68; Abb. 30, 31) von Gabriel, der den englischen Palladianismus in französische Eleganz übersetzt: die neue *noble simplicité* dieser kurzen klassischen Spätstufe. Seine Innendekoration hält aber noch an dem zarten Feldersystem fest, das in Frankreich erst seit 1770 vom englischen System Robert Adams abgelöst wird.

Mit Fragonard reichen Elemente der Rokoko-Ikonographie, transportiert in die Sphäre des Luftigen, Feurigen, Triebhaften und Überraschenden, bis in die neue Zeit hinüber (Abb. 32).

32 Jean-Honoré Fragonard, Der Liebesschwur, um 1780/88. Paris, Louvre

Die Gattungen sind im Rokoko dieselben wie in der Régence; dazu kommt als sinnvolle Bereicherung in den zwanziger Jahren aus Italien das Pastell, in den dreißiger Jahren aus Deutschland das Porzellan. Auch ihre Verbindung zu einem formalen System ist äußerlich ähnlich. Der Unterschied wird am leichtesten faßbar an der Differenz der Malerei eines Watteau und eines Boucher (Ft. 2, 3): hier eine Skala warmer, dort kühler Töne. In den vierziger Jahren avanciert dann, besonders bei de Latour (Ft. 4), zeitweise ein eisiges Blau zur bevorzugten Farbe. Die Farbsubstanz ist bei Watteau locker, bei Boucher glatt, in nackten Körpern oft von porzellanhafter Festigkeit (Abb. 1). Die träumerische Stille bei Watteau geht bei Boucher in lebhaftere Bewegung über, in ein akademisches Barock en miniature. Die Tonlage ist dort ein Moll, hier ein Dur.

Doch gibt es grundsätzlichere Unterschiede. Das Rokoko glaubt nicht an die Möglichkeit der Synthese, an eine Vereinbarkeit der Gegensätze, an die zum Beispiel der deutsche Spätbarock leidenschaftlich, aber auch die Régence auf ihre Art geglaubt hatte: das ist seine innere Skepsis. Es verzichtet aber auch nicht darauf, die Gegensätze zu umspannen, sondern genießt dies ästhetisch: das ist sein ›Raffinement‹ und seine ›Unmoral‹. Dieser Grundzug äußert sich auf den verschiedensten Ebenen des Gestaltens, am charakteristischsten im Rocailleornament mit seiner eigentümlichen Art, sich halb und halb vom Grund loszulösen, ihn zu negieren und zugleich zu bejahen, die rationale Komponente in die irrationale umschlagen zu lassen, in einem unentschiedenen Schweben zwischen verschiedenen Bedeutungen und Dimensionen. Verglichen mit dem Rokoko wirkt die Kunst der Régence geradezu naiv, unbewußt und lyrisch.

Französische Strömungen neben dem Rokoko

Daß es in Frankreich Strömungen der Kunst gibt, die unberührt von der Régence und dem Rokoko das Louis XIV ins Louis XVI hinüberführen, hat seinen Grund noch in dem Prinzip der *convenance.* Je nach Art der Aufgabe wird die Höhenlage des Stils gewählt. So sieht man dieselben Architekten einen offiziellen Bau mit ganz anderen Formen

33 François-Antoine Vassé, Entwurf für den Hochaltar von Notre-Dame, 1712. Paris, Bibliothèque Nationale, Cabinet d'Estampes

durchführen als das private *hôtel*. Daß die kirchliche Sphäre von der Kunst des Rokoko kaum gestreift wird, ist bei seiner im Grunde außerchristlichen Substanz nur selbstverständlich. Zwar hat sich ein Teil des dekorativen Repertoires sogar an kirchlichen Ausstattungsstücken gebildet (Orléans, Stalles de la Cathédrale, 1702–06; Paris, Notre-Dame, Altar von Vassé, 1712 [Abb. 33]). Aber nur diese Kirchenmöbel und -geräte werden von der Woge der Rocaille erreicht. Ganz vereinzelt gibt es Fassaden, die die schlichte Eleganz der Bogentüren und Stichbogenfenster auf die Front einer Kirche übertragen (Eglise de la Charité von de Cotte, 1733). Dagegen zeigt Meissonniers berühmter Entwurf für Saint-Sulpice in Paris, eine Transposition von Pietro da Cortonas Fassade für S. Maria della Pace in Rom, ein leichtes Spätbarock, Rokoko-Anklänge nur in der Dachzone. Wie man auf der Rokoko-Stufe die *noble simplicité* an einem Kirchenbau versteht, illustrieren schlagend die Entwürfe für die Fassade von Saint-Sulpice, die der Meissonnier gleichaltrige Servandoni zwischen 1733 und 1745 ausführte, zur selben Zeit also, als die Innendekoration des Hôtel de Soubise entstand. Am ehesten kann man noch Pineaus Idee für eine Kirche in Rußland, sowohl wegen der Dominanz der Bogen und Stichbogen wie nach der Betonung der Breite, als kirchlichen Rokoko-Bau ansehen; die geplante hohe Kuppel ist aber barockes Rudiment.

Zu diesen offiziellen Gebäuden gehört die offizielle monumentale Skulptur der Zeit, die neben der intimen als eine eigene plastische

Gattung besteht. Der *Julius Cäsar* Nicolas Coustous (1713 oder erst 1722) zeigt eine völlig andere Stillage als die mythologischen Porträts eines Raoux oder Nattier. Eine ähnliche Differenz waltet zwischen Bouchardons ›öffentlicher‹ Fontaine de Grenelle (Abb. 34) oder den feierlich schweren Statuen für Saint-Sulpice und seinem *Amor* (Abb. 35), und Etienne-Maurice Falconets *Eherner Reiter* (Peter der Große) für St. Petersburg zeigt, schon im ausgehenden Louis XV, eine völlig andere Stilhöhe als seine *Baigneuse* oder *Madame de Pompadour als Venus* (Abb. 38, 3).

Diese ›offizielle‹ Architektur, Plastik, Malerei bloß aus chronologischen Gründen der Régence und dem Rokoko zuzurechnen, hat keinen Sinn. Sie ist vielmehr französische Klassik auf der Régence- oder Rokoko-Stufe. Daß auf dieser Stufe eine Bevorzugung der ›profaneren‹ Hallenkirchen mit ihrem spannungslosen und steigerungsfreien Raum schon zu bemerken ist, darf man vielleicht als ein Analogon zur profanen Raumauffassung des Rokoko sehen. Bemerkenswert ist auch, daß jetzt nicht wenige Kirchenentwürfe in gotischen

34 Edme Bouchardon, Fontaine de Grenelle, 1739–46. Paris, Rue de Grenelle

35 Edme Bouchardon, Amor schnitzt seinen Bogen aus der Keule des Herkules, um 1739/50. Paris, Louvre

Formen entstehen (zum Beispiel das Alternativprojekt für Notre-Dame-la-Nouvelle in Orléans, 1718, von Hénault, einem Vertreter der Régence-Generation). Die Gotik wird nicht erst vom Klassizismus der Jahrhundertmitte wiederentdeckt.

Schließlich ist Paris selbst in der ersten Hälfte des 18. Jahrhunderts zwar tonangebend, daneben leben aber in den französischen Provinzen Strömungen, die zwar die modernen Rokoko-Motive aufgreifen, aber im Grunde dem Spätbarock näherstehen. Hier gibt es an den *corps de logis* der *hôtels* gelegentlich borrominesk gewellte Partien; hier gibt es die verpönte Kolossalordnung oder die schweren Karyatiden. Die unüberzeugende Mischung heterogener Elemente kann hier Gebilde produzieren, die geradezu das Barockrokoko des 19. Jahrhunderts vorwegzunehmen scheinen, so zum Beispiel die berühmte Fontaine de Gros-Horloge in Rouen (1731).

Verbreitung

Von Paris aus verbreitet sich der neue Stil der Régence und des Rokoko schon frühzeitig in die Provinzen, in fast alle Länder Europas, ja nach Übersee und in den Orient. Und zwar verbreiten sich nicht nur einzelne Elemente, Motive und Formen, sondern jene Symbiose der Gattungen, die oben beschrieben worden ist. Die zurückhaltende, sparsame Eleganz der Pariser *hôtels* macht sie geeignet auch für die großen Gebäude der *présidences* und der Abteien in den französischen Provinzen, deren Inhaber den gleichen Gesellschaftsschichten angehören. Im Ausland dagegen wird die typische französische *maison de plaisance* für kleine Lustschlösser bevorzugt, all die *Bagatelles, Sanssoucis, Monbijous, Monrepos, Favorites, Solitudes, Eremitages* – lauter typische Namen. Die Expansion setzt schon frühzeitig ein. Als ein Beispiel für viele sei in Frankreich die typische Régence-Gestalt der *présidence* in Rouen genannt (1717, von Martinet), in der Schweiz die Maison Lullin in Genthod (1723, von Blondel), im Elsaß, seit 1681 Frankreich angeschlossen, das Hôtel d'Andlau (1725–31), französisches System mit unfranzösischen Erkern. De Cotte trägt diesen Stil 1716/17 nach Bonn und nach Frankfurt (Palais Thurn und Taxis), Oppenord 1720 nach La Granja, Leblond seit 1714 nach St. Petersburg, Cuvilliés seit 1728 ins Rheinland und an den bayerischen Hof (Abb. 41, 65, 66). Neben solchen Gebäuden, die die Totalität des Stils aufnehmen, entstehen überall in Europa in Schlössern alten Stils die Appartements im neuen Geschmack der französischen Régence und des Rokoko.

III. Internationales Rokoko

Im gesamten Rokoko nahm die Ausstattungskunst die führende Rolle ein. Damit wurde das Ornament ›primordial‹; die ornamentalen Ideen, in der französischen Randzone des *genre pittoresque* entstanden, waren grenzüberschreitend transportabel. Nicht nur angewandtes Ornament, etwa im Porzellan, wurde ein- und ausgeführt, es gab auch einen regen Handel mit Stichvorlagen. In Paris, Venedig, Augsburg, Nürnberg, München und London existierten Verlage, die ausschließlich mit Ornamentdrucken handelten, die von Kunsthandwerkern in ganz Europa verwendet wurden. So lieh sich deutsches Porzellan Motive aus französischen Stichwerken, und russische Goldschmiede verarbeiteten Augsburger Graphik, während Watteau-Genre auf deutschen Lackarbeiten erschien. Bald wurde es schwierig, zwischen spanischem, schwäbischem oder neapolitanischem Rocailleornament zu unterscheiden, allerdings nur soweit es das individuelle Motiv betraf und nicht den jeweils verschiedenen Zusammenhang in der Dekoration. Was in den Porzellanmanufakturen von Meißen, Nymphenburg, Frankenthal, Berlin, Chelsea, Capodimonte, Buen Retiro, Wien und Sèvres hergestellt wurde, ist durch stilistische Nuancen zwar deutlich voneinander zu unterscheiden, aber die gemeinsamen Eigenschaften überwiegen.

Es wäre jedoch sinnlos, von nationalen Charakteristika bei einer Betrachtung dieses internationalen Phänomens zu sprechen. Vielfach haben wir es in diesem Jahrhundert mit spezialisierten Wanderkünstlern zu tun. Die Graubündner Maurer oder Stukkatoren genauso wie die Wessobrunner kamen in Europa weit herum. Abgesehen von ihrer Tätigkeit in der Heimat, im sogenannten ›Pfaffenwinkel‹ um Weilheim in Oberbayern, arbeiteten die Wessobrunner in kleinen Trupps, Kompanien, von Paris bis St. Petersburg. Für die Verbreitung des Rocailleornaments, ihrer Spezialität bei den Stuckierungen, war damit gesorgt. Man findet die Wessobrunner unter anderem in Berlin (Gigl und Landes), in Amsterdam (Lidl), in Orval (Gannebacher), in Einsiedeln

36 Franz Anton Bustelli, Leda, um 1760. München, Bayerisches Nationalmuseum

(Merk), in St. Gallen (Gigl), in Warschau (Schaidhauf) und in Paris (Schwaiger und Vogel).

Der nach Kändler wichtigste Porzellankünstler in Deutschland, Franz Anton Bustelli (Abb. 36), stammte wahrscheinlich aus Locarno und war ebenfalls einer der vielen Wanderkünstler, die ähnlich den Goldmachern ihr Glück an den Höfen versuchten.

Doch wo die Dekoration und die Ausstattung, nicht aber die entsprechenden Baukörper eingeführt worden waren, zeigen sich häufig auch die Negativa dieser Diskrepanz zwischen lokalem Ornamentträger und importiertem Ornament einer anderen Stilstufe. Der Punkt war schließlich erreicht, wo es als Applikation *an* der Wand und nicht *in* dieser fungierte. Hier liegt auch einer der Gründe, Rokoko als einheitlichen Stil zu erfassen, wenn etwa Rocailledekorationen einem in seiner Grundstruktur bereits oder noch klassizistischen Bau aufgelegt sind. In Berlin zum Beispiel malte der Franzose Antoine Pesne an Decken von Gebäuden palladianischen Zuschnitts. Der wichtigste

Architekt des sogenannten ›Russischen Rokoko‹, Bartolomeo Rastrelli, kam als gebürtiger Italiener aus der Sphäre des (guarinesken) norditalienischen Spätbarock. Er verwendete jedoch eindeutig französische Elemente für seine Grundrisse (nach de Cotte), sowie süddeutsche (nach Cuvilliés) und österreichische (nach Hildebrandt): Elemente, die er allerdings mit einer theatralischen Phantasie, die an Bibiena erinnert, verwandelte. So entstand in Zarskoje Selo eine synkretistische Architektur, die sich jeglicher exakten stilistischen Definition verweigert. Bestenfalls ist es Rokoko im Sinne eines internationalen Stils.

Phänomene des Rokoko

1. DAS PORZELLAN. Gottfried Sempers ›materialistische‹ These, daß die Entstehung des Stiles Rokoko ursächlich mit der Erfindung des Porzellans zu tun habe, kann als Ansatz für die nachfolgenden Feststellungen dienen. Im Porzellan fand das Rokoko *das* charakteristische und am besten geeignete Material, um zu formulieren, was beabsichtigt war. Die Zeit war für die Entdeckung (durch Johann Friedrich Böttger, 1708/09) reif. Wenn ein Stil über seine Entdeckungen und die neuen Bereiche, die er eröffnet, bestimmt werden kann, dann trifft das im Rokoko gerade für das Porzellan zu. Die Vorliebe für kleine Skulpturen und Tischgeschirre aus diesem Material, für das Kostbare, Zerbrechliche und Exotische, mußte bislang durch Importe aus Ostasien befriedigt werden. Schon bald nach der Entdeckung der geeigneten Zusammensetzung und Verarbeitung der Porzellanmasse konnte man jene neue Art von Kleinskulptur herstellen, die sich jetzt dem kostspieligen Tischgeschirr zugesellte. Die Kleinskulptur, in der westlichen Kunst immer aus demselben Material wie die großen Arbeiten – Holz, Ton, Metall –, gewann nun eine eigene und eben nur im Kleinen mögliche Materialität. Bis dahin hatten noch Beziehungen zwischen kleiner und monumentaler Plastik bestanden: Die kleinere war der größeren entweder als Reduktion oder als vorbereitende Studie verpflichtet, und so waren die Unterschiede nur solche ihres Maßstabs. Im Rokoko wurde die Kleinskulptur ›befreit‹ und erhielt ihr eigenes Gewicht. Von Anfang an zeigte sich auch eine gewisse Gefahr (aus unserer Sicht): Es entstanden Nippes und nutzlose Spielereien – völlig unabhängig von einem ikonographischen Bedarf oder Konzept. Be-

37 Johann Wilhelm Lanz, Die Toilette der Venus, um 1760. München, Residenz

zeichnenderweise setzte sich die Mode des Rokoko in Porzellanfigurinen und Imitationen bis in unser Jahrhundert ohne größere Unterbrechung fort. Die Porzellanfigur ist ein paradoxes Gebilde. Ihr Wirklichkeitsanspruch ist gering, dafür sorgt die Eigenständigkeit des Materials. Andererseits aber ist im Inhalt für äußerste Belebung gesorgt, etwa durch das Anekdotische, Überraschende, Witzige. Die kleinen Porzellangruppen sind gleich Rocailleornamenten aufgebaut, nämlich ›mikromegalisch‹, also mehrdeutig, und entziehen sich so dem rationalen Zugriff (Abb. 37).

Hin und wieder beeinflußte die Porzellanskulptur in umgekehrter Richtung die Großplastik. In Süddeutschland etwa wurden Gartenskulpturen (Veitshöchheim, 1765, von Ferdinand Dietz) aus Sandstein *à la porcelaine* gefaßt, d. h. weiß lackiert (Abb. 71). Die Künstlichkeit einer solchen Gartenausstattung mußte auf die ganze Anlage übergreifen und ihr jenen für das Rokoko so bezeichnenden Realitätscharakter verleihen, der aus Kunst, Künstlichkeit und Natürlichkeit in einem bestand. Es ist wohl bezeichnend, daß die Porzellanproduktion in Frankreich eine vergleichsweise geringere Rolle einnahm als in Deutschland, Italien oder England. Figurales Porzellan wurde in Frankreich bald auf das sogenannte *biscuit* reduziert, das, ohne eine letzte Oberflächenglasur, als »plus noble, d'un goût plus général« galt (Abb. 38).

2. DAS PASTELL. Die Pastelltechnik war keine Erfindung des Rokoko, aber sie avancierte nun zu einem bevorzugten und typischen Ausdrucksmittel. Nach ihrer Vervollkommnung um 1700 durch Joseph Vivien wurde sie vor allem von Rosalba Carriera, Quentin de Latour (Ft. 4), Jean-Baptiste Perroneau und Jean-Etienne Liotard als Spezialisten in dieser Technik ausschließlich und vor allem im Porträt verwendet. Das Spezifische der Pastelltechnik kommt offensichtlich dem ›Kunstwollen‹ des Rokoko entgegen. Die Leichtigkeit und Schwerelosigkeit der Technik ist das Korrelat der augenfälligen Improvisation. Das Pastell nimmt eine Position zwischen Zeichnung und Malerei ein; es gibt sich als eine kurzfristig erstellte Skizze, was ›Lebendigkeit‹ in einer neuen und eindringlichen Erfassung jetzt auch psychologischer Eigenschaften und Situationen im Porträt garantiert. Die Farbigkeit des Pastells ist künstlich und damit gerade ein Medium des Rokoko. Allgemein gibt es in der Malerei des Rokoko das, was man den ›Pastell-

effekt‹ nennen könnte. Die Farbe ist nicht mehr transluzid, durch Weißbeimischungen zwar hell geworden, aber auch ›dicht‹. Die moderne Bezeichnung »Deckweiß« beschreibt den Effekt recht gut: Bei Boucher etwa entsteht durch die vielen pastellgerechten Weißbeimischungen und die Blauhaltigkeit der meisten Farben eine Art von Vordergründigkeit, ein Verlust an ›Tiefe‹.

3. DIE SKIZZE UND DAS CAPRICCIO. Das 18. Jahrhundert fand erstmals in der vorbereitenden Skizze ein weitgehend selbständiges Medium. Im Werkprozeß der Monumentalkunst nahmen die Skizze, das *modello* oder der *bozzetto* zwar eine notwendige und bestimmte Position ein; genauso aber wurde der Entwurf jetzt als selbständiges Kunstwerk angesehen. Sebastiano Ricci schrieb einmal an den Conte de Tassis anläßlich einer Bildbestellung zu einem *modello*: »questo non è modello solo, ma è quadro terminato« und meinte sogar, daß das nach der Skizze gefertigte endgültige Bild eigentlich eine Kopie sei.

So kam es auch, daß nicht selten vermeintlich vorbereitende ›Skizzen‹ in Wirklichkeit nachträglich gefertigt wurden, nicht nur zum Zwecke der Dokumentation, sondern eben als eigenständige Bildvariation einer Monumentalmalerei. Die Skizze wurde zum »autonomen Kunstwerk« (Bushart), und das Festhalten der ersten brillanten Idee konnte bereits als eigentlicher Abschluß des künstlerischen Prozesses gesehen werden. Das Skizzenhafte als Prinzip des Malerischen, das Pittoreske, findet sich als zentraler Gedanke bei Fragonard wie Francesco Guardi oder Franz Anton Maulpertsch (Abb. 32, 50, 72). Blätter etwa von Gabriel de Saint-Aubin sind ein extremes Beispiel für einen ›skizzierenden Verismus‹, wo die schnell gefertigte Zeichnung einen regelrecht ›journalistischen Tatsachenbericht‹ garantiert. Hier kündigt sich zweifellos ein neues Kunstverständnis an.

Der Versuch, Tiepolos monumentale *concetti* zu analysieren, gerät an einem bestimmten Punkt in Schwierigkeiten. Ihre Anliegen sind zwar einsichtig, aber in der Ausformulierung stößt man auf viel Mehrdeutiges oder auch anscheinend Unklares. Vieles wirkt pittoresk, bizarr, die ›ikonographische Rechnung‹ geht nicht mehr auf. Die einzige Erklärung scheinen dafür die Capricci zu sein, die auch in einer

◁ 38 Nach Etienne-Maurice Falconet, Die Badende, um 1755/57. Sèvres, Musée National de Céramique

39 Giovanni Battista Tiepolo, Capriccio. Aus: Vari Capricci, 1749

gleichnamigen Stichserie Tiepolos (Abb. 39) das Thema abgeben: ein ›Nichtthema‹ ist im 18. Jahrhundert bildwürdig geworden.

Schon bei Jacques Callot war eine graphische Serie von 1617 unter dem Titel *Capricci di varie figure* erschienen. Seither verstand man unter den Capricci, die vor allem in Bildserien auftraten, das freie Spiel der Phantasie, des Originellen und einer Ungebundenheit im Sinne der Ikonographie.

Es gibt einen sehr engen Zusammenhang zwischen der Ornamentgroteske und dem Capriccio. Die Kombination heterogener Bestandteile, wie sie sich in der *forme rocaille* findet, gehört auch zur Grundstruktur des Capriccio. So sind auch die *morceaux de fantaisie* von de Lajoue Capricci ähnlich denen Tiepolos. In den Ornamentblättern von Meissonnier, Babel und Cuvilliés, aber auch bei Giovanni Battista Piranesi (Abb. 40) und Canaletto (Antonio Canal) ist ein ›kapriziöses‹ Denken zu finden. Genetisch kann das Capriccio als eine Fortsetzung der früheren Groteske verstanden werden, wobei die Inhalte jetzt weitgehend ›ornamentalisiert‹ sind. Wie in der *forme rocaille* ist im Capriccio der Inhalt schwebend und mehrdeutig.

4. SPIEGELKABINETTE. Dem Vorbild des zentralen großen Spiegelsaals von Versailles (1678–84) folgend, wurden allenthalben Spiegelflächen zu einem Teil der Wandgestaltung. In Versailles dienten sie dazu, den Raum zu multiplizieren und noch grandioser zu machen. Etwas später, in der Glasgalerie des Trianon (1706) oder auch im Vorschlag Paul Deckers im ›Fürstlichen Baumeister‹ (1711–16), schlug dieses Prinzip ins Bizarre um. Im Rokoko schließlich wurde die Verfremdung und gleichzeitige Multiplizierung der Räume und ihrer Gegenstände als ein besonderer Effekt genutzt (Abb. 27). Frankreich nahm allerdings an der neuen Mode der Spiegelkabinette kaum mehr teil. So blieben größere Ensembles mit Verspiegelungen, wie Meissonniers Projekt für Bielinski, eine (allerdings recht bezeichnende) Ausnahme. Das französische Rokoko (zum Beispiel Oppenord; Abb. 22) benutzte weiterhin Spiegel, aber als deutlich gerahmte Einheit der Wanddekoration und nicht zur totalen Widerspiegelung eines Raumes.

In Deutschland allerdings war bald kein Schloß mehr ohne ein Spiegelkabinett denkbar. Die schönsten Beispiele sind das Kabinett in Pommersfelden (Ferdinand Plitzner, 1714–18), Schloß Merseburg (Johann Michael Hoppenhaupt I., um 1720) und der Mittelsaal (Abb. 41) der Amalienburg im Nymphenburger Park (Cuvilliés, 1734). Ein italienisches Beispiel ist das Kabinett aus dem königlichen Palast in Portici, jetzt im Palazzo di Capodimonte.

Stets handelt es sich um relativ kleine Kabinette, was eine bloße Ableitung aus den französischen Galeriebauten ausschließt. Als Vorbilder kommen niederländische Zimmer des 17. Jahrhunderts in Frage, die als Teile der Wandvertäfelung bereits Spiegel eingesetzt hatten und auch zu Sammlungszwecken (Porzellan) genutzt wurden. Alle diese relativ kleinen Räume zielten auf einen speziellen Effekt. Durch die Multiplizierung wurden sie nicht nur irreal; die Spiegel projizierten auch die Besucher dieser Räume in die Irrealität und somit in eine absolut künstliche Sphäre hinein. Das festliche Leben wurde gleichsam immer wieder und ausschließlich auf sich selbst verwiesen. Seit das rahmende Ornament den einzigen festen Bezugspunkt des Raumes darstellte und es davor und dahinter keine realen Koordinaten mehr gab,

40 Giovanni Battista Piranesi, Gondel, um 1740/50. New York, The Pierpont Morgan Library, Bequest and Gift of Henry S. Morgan

entstand in den Spiegelkabinetten etwas, was der *forme rocaille* der Ornamentstiche vergleichbar war. Die Wirklichkeit verwandelte sich ins ›Mikromegalische‹. Der ornamentale Rahmen der Spiegel wurde dabei bedeutsam: Er gab die *forme rocaille* als Szenarium der hier gespiegelten Gesellschaft ab.

Rokoko außerhalb Frankreichs

Der Schloßbau außerhalb Frankreichs, vor allem im Heiligen Römischen Reich, war von einem tiefgreifenden Paradox bestimmt. Einerseits war Versailles nicht nur maßgebliches Symbol der absolutistischen Herrschaft, sondern auch in seiner Struktur das Vorbild

schlechthin. Andererseits ging gerade im vorbildlichen Frankreich die Tendenz hin zur Auflösung des ›Systems Versailles‹. So war der große Palast als umfassender Rahmen des absolutistischen Zeremoniells schon nach 1715 ein Anachronismus geworden, zur gleichen Zeit, als anderswo in Europa dieses Muster unumgänglich schien – von Schönbrunn, Schleißheim, Blenheim Castle über Caserta bis zum Palacio Real von Madrid. Das Paradox hatte zur Folge, daß das Rokoko als Dekorationskunst aus dem Pariser *hôtel* jetzt der Ausstattung von Schlössern und ihrer anachronistischen Struktur diente. Der Konflikt bestand darin, daß eine Kunst des Intimen, die als Hauptaufgabe die Gestaltung der *maison de plaisance* und des Salons im Pariser Stadtpalast kannte, jetzt an den Repliken von Versailles wieder in repräsentative Zusammenhänge genommen wurde.

41 Amalienburg im Park von Schloß Nymphenburg, München, 1734–39. Spiegelsaal. Architekt: François de Cuvilliés

Von Land zu Land sahen die Ausprägungen dieses Paradoxes verschieden aus. Manchmal, vor allem in England und Spanien, war das Rokoko kaum mehr als Innendekoration mittels importierter Formenware. Manchmal wurde, wie in Deutschland, eine Synthese zwischen großangelegter Architektur und dem *style moderne* erreicht. In fast allen Fällen mußte der neue Stil sich mit der spätbarocken Kunst arrangieren, auch wenn sie schon eine ›rokokoähnliche‹ Struktur erreicht hatte. (Das macht es auch so schwierig, die Kunst des 18. Jahrhunderts stilkritisch zu interpretieren. Sieht man, anders als Kimball, im Rokoko nicht nur einen französischen Dekorationsstil aus der Zeit Ludwigs XV., sondern einen genuinen Stil, der alle Künste umfaßt, dann müssen auch bestimmte spätbarocke Phänomene unter dieser Stilbezeichnung subsumiert werden.)

In der kirchlichen Architektur lag der Fall anders. Hier war nicht Frankreich, sondern das barocke Italien zumindest für die katholischen Lande weiterhin vorbildlich. Der oben beschriebene Konflikt ist allerdings auch in diesem Bereich sichtbar. Während sich in Österreich, Deutschland, Böhmen usw. eine Kirchenarchitektur auf der Grundlage des italienischen Hochbarock (Bernini, Rainaldi, Borromini, Guarini) entwickelte, wurde die spätbarocke Ornamentierung, etwa im Stuck, spätestens seit den zwanziger Jahren aufgegeben zugunsten einer geradezu von außen her angelegten Rokoko-Dekoration. Dieser Konflikt hatte häufig positive Folgen. Das spätbarocke Pathos der Innenräume wurde durch die Rokoko-Dekoration gemildert und gleichsam emotionslos. Ein sehr besonderer Typus kirchlicher Rokoko-Architektur entstand im Grenzgebiet zwischen höfischer und volkstümlicher Kunst in Bayern. Wegen der durchdringenden Übertragung nicht nur des bloßen Ornaments, sondern auch seiner strukturellen Prinzipien auf die Architektur kann man in diesem Fall wohl von einem echten Phänomen des Rokoko sprechen.

Es gab aber auch häufig eine, dann meistens recht modern erscheinende, Synthese von klassizistischer, etwa palladianischer Architektur und dem Ornament des Rokoko. Sie ist zu finden im protestantischen Kirchenbau, aber auch im Schloßbau des Nordens, in Preußen oder Westfalen. Wie bei der französischen Architektur in ihrer immer vorhandenen, oft latenten klassizistischen Grundstruktur ist auch in solchen Beispielen als eine wesentliche Bedingung ebendieser Grundstruktur die Diskrepanz zwischen Ornamentträger und Ornament zu beobachten.

Ein Überblick über das Rokoko außerhalb Frankreichs wird also folgendes Bild ergeben: Unter dem Einfluß der verbreiteten theoretischen Abhandlungen, der ornamentalen Musterblätter, aber auch durch die vielen Auslandsreisen der Künstler, überhaupt durch den Austausch von Kunst, entstand ein internationales Rokoko als Ausstattungsstil verschiedener Facetten, aber von homogener Grundstruktur.

ENGLAND. Hier war Rokoko (im Sinne der französischen Entwicklung) nur ein Epiphänomen. Man blieb von den französischen Tendenzen ziemlich unberührt. In England war wohl mehr als in allen anderen Ländern der Vitruvianismus und damit die palladianische Observanz in der Architektur am stärksten ausgeprägt, von Inigo Jones über Christopher Wren bis Colen Campbell und John Vanbrugh. ›Rokoko‹ wurde hier als Zierat und Möblierung bestenfalls implantiert. Trotzdem können gewisse Erscheinungen der englischen Kunst im 18. Jahrhundert als Parallelen zum kontinentalen Rokoko angesehen werden.

Mehr als anderswo ist in England die Diskrepanz zwischen Architektur und Dekoration akut – wie im übrigen auch immer wieder bei Bestimmungen des Wesens der englischen Kunst festgestellt wird. Bei einer klassizistisch-palladianischen Grundstruktur konnten jetzt ›Stile‹ dem Baukörper in einem spürbar additiven Verfahren als Dekoration ›angesetzt‹ werden, wofür Strawberry Hill von Horace Walpole ein Beispiel ist, das bereits die Zeitgenossen faszinierte. Das, was man *modern Gothick* nannte, war im wesentlichen solche ornamental angesetzte Dekoration. In der von John Chute entworfenen Bibliothek gibt es eine Decke in den Formen der Tudor-Gotik, die an Rocaillestuck erinnern. Die gotischen Elemente bildeten ein Rahmenwerk, das genausogut aus Rocaille bestanden haben könnte. Exotische, chinesische, ›indische‹ Motive konnten ebenso wie historische Zitate innerhalb der angesetzten Ornamentik als ›Stil‹ erscheinen. Die bedeutsame Rolle der englischen Neogotik kann vom Primat der Kategorien des Bizarren und Pittoresken her verstanden werden, und hier wirkte das Ornament wie ein Katalysator.

Unter solchen Vorzeichen kam es auch zu unerwarteten Kombinationen von klassizistischer Architektur und internationalem Rokoko. In Campbells Mereworth (1723) finden wir Amigoni als Deckenmaler; Richard Boyle, Earl of Burlington, beschäftigte sowohl für seinen Stadtpalast als auch für die palladianische Villa in Chiswick Sebastiano Ricci.

Die eigentliche Revolution leistete England mit der Schöpfung des freien Landschaftsgartens. Auch auf dem Kontinent, in Frankreich, hatte es bereits Prinzipien gegeben, die mit dem strengen Garten im Sinne Le Nôtres nichts mehr gemeinsam hatten. Das Prinzip der französischen Régence- und Rokoko-Gärten ist allerdings nicht leicht zu fassen. So wie im System der Wände bildet die rationale Geometrie der späten Louis-XIV-Gärten in der Fortsetzung Le Nôtres die Grundlage. Das Prinzip »faire céder l'art à la nature« versteht unter Natur jetzt aber die vom Menschen geformte Welt der Gewächse, unter Kunst die steinernen Treppen, Rampen und Statuen. Eine übersichtliche, leichte *distribution* soll den Gärten Anmut verleihen, Überraschung und Vergnügen bereiten. Glatte und geböschte Rasenflächen (die *boulingrins*) dringen vor; in der Begrenzung der Blumenbeete

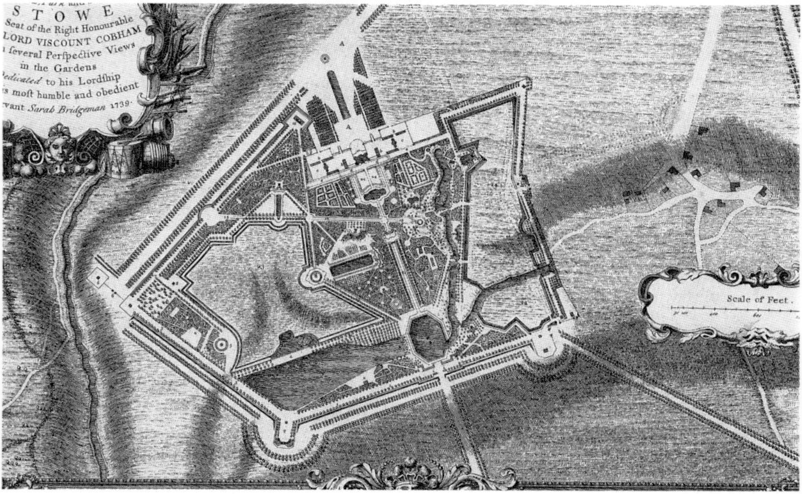

42 Stowe (Bucks.), Gartenanlage. Plan aus: Sarah Bridgeman, Views of Stowe ..., 1739, Plate I

kommen der Kontrast, die Asymmetrie und die Vieldeutigkeit des Rocailleornaments zur Geltung. Die radikale Umgestaltung des alten Typus aber erfolgte in England. Gegen 1725 richtete sich der Dichter Alexander Pope in Twickenham an der Themse einen privaten Garten ein, der dezidiert eine Abkehr von den bisherigen absolutistischen Konventionen signalisieren sollte. Pope selbst gab auch die entsprechenden Kommentare in Gedichten und Essays, wo von einer »unerring nature« die Rede ist und von den Prinzipien für die Gartengestaltung: »Those Rules of old discover'd not devis'd, / Are Nature still but Nature methodiz'd«. Popes Garten ist nicht mehr erhalten, wohl aber die Anlage von Chiswick, nicht weit entfernt, die sein Freund Lord Burlington sich im dritten Jahrzehnt einrichtete. Architekt war William Kent, doch griff Burlington selbst als Dilettant weitgehend in die Planung von Haus und Garten ein. Jetzt wurden Bilder von Natur erstellt, in welcher die Architektur als Bildgegenstand selbst Teil der Natur werden sollte. Um diese Bilder zu realisieren, hat man immer wieder Distanzen zum Gegenstand gelegt, etwa durch Wasserläufe und Seen. Es sind vor allem die Schrägansichten, die den Gegenstand distanzieren, ihn aus den barocken Achsenbindungen und damit aus einer Bindung zwischen Objekt und Subjekt befreien. Kent wurde ferner vom Viscount Cobham beschäftigt, dem Herrn von Stowe, der ebenfalls seit den zwanziger Jahren seinen schon früher angelegten Garten neu gestalten ließ (Abb. 42). Hier schuf er die sogenannten Elysischen Felder (1732–39), mit einem künstlichen Flußlauf namens Styx, an dem ein Tempel der »Ancient Virtue« die alten Tugenden beschwor, während in einem Tempel der »British Worthies« sich Büsten jener Engländer befanden, die man als Träger der britischen Größe ansah – ein Konzept also, in dem der Park von Stowe eine Gleichung anbot: Natur = Antike = Tugend. Mit dem englischen Landschaftsgarten entstand jedenfalls ein Parallelphänomen zum Rokoko insofern, als hier ganz deutliche ›ästhetische Grenzen‹ gezogen wurden, Distanzen zwischen dem Kunstgegenstand und dem Rezipienten.

Die in jener Zeit so wichtige Identität von Stil und jeweiliger Dekorationsform ist in England vor allem am Kunsthandwerk, in der hervorragenden Innendekoration und bei der Möbelherstellung zu finden. Zunächst waren die Verbindungen zum Kontinent in diesem Bereich noch sehr eng. Matthias Lock und H. Copland benutzten französische und auch deutsche Ornamentvorlagen. Ganz eigen sah dagegen das ›Rokoko‹ bei Thomas Chippendale aus, dem berühmtesten englischen Kunsttischler der Epoche. Sein Musterbuch *The Gentleman and Cabinet-Maker's Director* (1754) trägt den Untertitel ›Eine umfangreiche Sammlung von sehr eleganten Mustern für Haushaltsmöbel im gotischen, chinesischen und modernen Geschmack‹. Diese Verbindung von ›modernem Geschmack‹ (*style moderne*), neogotischen und exotischen Ornamenten ergab einen typisch englischen Stil, wobei auch hier, wie in der Architektur, am Ornamentträger, dem Möbelstück, ›Stil‹ als Dekorationsform austauschbar angeboten wurde (Abb. 43).

Letztlich handelt es sich bei dieser klaren Scheidung von Dekoration und Träger um eine antibarocke Einstellung, die neben anderen revolutionären Erscheinungen die Ästhetik in England grundlegend veränderte.

Anthony Ashley Cooper, Earl of Shaftesbury, kann neben John Locke als Urheber einer ästhetischen Aufklärung angesehen werden. Im Gefühl wird nicht nur ein Sinn der Wahrnehmung gesehen, sondern auch ein Quell der Erkenntnis; Kunst gestaltet die Gefühle und gilt nicht mehr nur als Nachahmung; Tugend ist Liebe zu Schönheit und sozialer Ordnung – um nur einige von seinen Maximen zu erwäh-

43 Thomas Chippendale, Entwurf für einen Bücherschrank, 1753. Aus: The Gentleman and Cabinet-Maker's Director, 3. Auflage, London 1762, Nr. CX

nen, die bald von den französischen Enzyklopädisten und dann auch vom deutschen ›Sturm und Drang‹ übernommen wurden.

Im England des 18. Jahrhunderts entstanden neue Bildtypen und Bildmodalitäten (Abb. 44, 45). Dazu gehört die Karikatur und die mit ihr verbundene Gesellschaftskritik im Bild (William Hogarth und Thomas Rowlandson). Eine englische Sonderleistung ist beispielsweise auch das ›Rollenporträt‹ (Sir Joshua Reynolds), die spezifische Gattung des Kinderporträts (Reynolds, Thomas Gainsborough), das Tierporträt (George Stubbs) und auch das Porträt ganzer Theaterszenen (Hogarth und Francis Hayman). Englands besondere Einstellung zum historischen Stil als einer Wahlmöglichkeit führte in der Malerei immer wieder zu offenen Anleihen bei Rubens, van Dyck, Rembrandt oder Claude Lorrain.

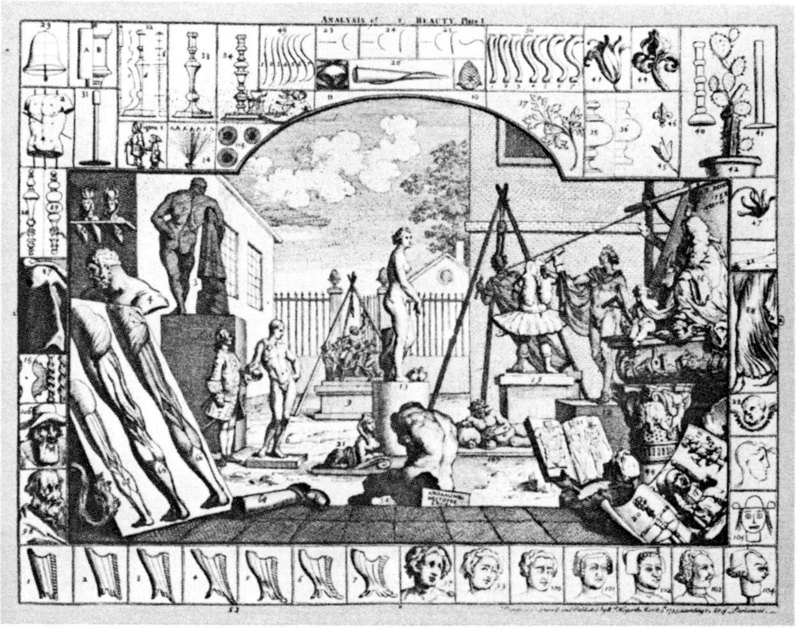

46 William Hogarth, Der Statuenhof. Illustration für: The Analysis of Beauty, London 1753, Plate I

◁ 44 Thomas Gainsborough, Bildnis Mr. und Mrs. Andrews, um 1750. London, National Gallery

◁ 45 William Hogarth, Die Dienerschaft, um 1750/55. London, Tate Gallery

Der vielleicht originellste theoretische Beitrag Englands zum europäischen Rokoko ist wohl Hogarths ›The Analysis of Beauty‹ (1753; Abb. 46), ein Traktat, in dem der Autor versuchte, die so schwierig begründbare Lehre vom Geschmack pragmatisch zu kommentieren. Obwohl viele Elemente aus der Kunsttheorie des Manierismus stammen (Lomazzo), etwa die Vorstellung von der Schlangenlinie als Schönheitsprinzip, oder sogar auf Alberti zurückgehen, dessen *varietà* in dem Konzept der Mannigfaltigkeit anklingt, ist der Traktat durchaus originell. Hogarths Erörterung über die »Schönheit als eine Kompliziertheit der Form«, die aus einem ständigen Wechselspiel besteht und letztlich unstabil und relativ bleibt, könnte vor jeder Innendekoration des Rokoko stattfinden.

SPANIEN. Spanien ist geradezu ein Modell dafür, wie Rokoko aus Frankreich importiert und einer genuinen spätbarocken Tradition aufgesetzt werden konnte, wobei häufig keine Synthesen zustande kamen. So finden sich charakteristische Formen, zumeist von den Bourbonen eingeführt, als Innendekoration, kaum aber Rokokoarchitektur französischer Observanz. Das größte architektonische Unternehmen, der königliche Palast von Madrid (1738–64), erbaut von Giovanni Battista Sacchetti nach Entwürfen von Filippo Juvara, gehört zu der Reihe von Bauwerken, in denen immer noch das Vorbild von Versailles nachwirkte. Oberitalienische barocke Motive stehen neben französischem Klassizismus, und was dabei entstand, war bereits in der eigenen Zeit anachronistisch. Mit seiner relativen Kleinheit und subtilen Einfachheit kommt der Sommerpalast von La Granja (1721–23), von Teodoro Ardemans für Philipp V. gebaut, einer *maison de plaisance* im Sinne des Rokoko nahe, ist aber doch ›nur‹ eine palastartige Villa. In der spanischen Sitte, den Prinzen kleine Lusthäuser zu bauen (El Escorial, Aranjuez und El Pardo), klingt die Tradition der französischen *Bagatelles* an; sie ist allerdings erst recht spät im 18. Jahrhundert entstanden.

Ein völlig anderes Bild zeigt die Kirchenarchitektur. Mit dem sogenannten *Churriguerismo* ging eine sehr extreme Ornamentarchitektur einher, die vor allem in der Cartuja von Granada auftritt. Der Architekt José de Churriguera wurde für den Stil verantwortlich gemacht, obwohl eher Francisco Hurtado Izquierdo mit seinem Hauptwerk, dem Sagrario (1702–20) und der Sakristei (1730–47; Abb. 47) der Kartause, stilbildend wurde. Der architektonischen Grundstruktur ist hier dicht an dicht eine Stuckornamentik aufgelegt, die selbst aus Teilstücken von Architektur, invertierten Gesimsteilen, Bruchstücken von Profilen usw. besteht. Dadurch wird die eigentliche architektonische Form an ihrer Oberfläche durch die Ornamentik beinahe pervertiert.

Der *Churriguerismo* als primärer Ornamentstil stellt in Spanien so etwas wie ein Parallelphänomen zum *style rocaille* dar. Auch hier übernahm das Ornament weitgehend die Funktionen des Architektonischen. Die Fassade von Santiago de Compostela (Fernando de Casas y Nóvoa, 1738 ff.; Abb. 48) stellt ein monumentales Ornament dar.

◁ 47 Kartause, Granada. Sakristei, 1730–47. Architekt: Francisco Hurtado Izquierdo

48 Kathedrale, Santiago de Compostela. Westfassade, 1738–49. Architekt: Fernando de Casas y Nóvoa

Der Umbau der Fassade der Kathedrale von Gerona (1730–33) durch Pedro Costa, der eine mittelalterliche Wand und ein Radfenster mit einem gigantischen Portalrahmen verband und dabei das Fenster wie ein einziges Ornament einschloß, ist auf die gleiche Weise zu verstehen: Das Ornament hat die Führungsrolle innerhalb der gesamten Struktur übernommen. Die Fassade des Palastes des Marqués de Dos Aguas in Valencia (1740–44) kann wegen ihrer spätbarocken Reliefstruktur mit einem deutschen Beispiel, dem Asam-Haus in München (Egid Quirin Asam, 1746) verglichen werden. In beiden Fällen zeitigte die Auflösung einer Fassade durch ein ornamentales Relief einen besonderen Effekt. Die Fenster des Palastes von Valencia sind von üppigen Rocailleformen gerahmt – eine Seltenheit für Spanien –, was allerdings noch kaum berechtigt, von einem tiefen Rokoko-Verständnis zu sprechen.

Die spanische Skulptur des zentralen 18. Jahrhunderts verhält sich zum internationalen Rokoko wie die Architektur. Während auf der einen Seite Elemente aus dem genuinen einheimischen Spätbarock

49 Francisco José de Goya y Lucientes, Das Picknick, 1776. Madrid, Prado

weiterleben, wie im Werk von Manuel Alvarez, bleibt andererseits der spanische Verismus eine ungebrochene Konstante. Einen Höhepunkt dieses Verismus bilden ohne Zweifel die in Spanien traditionellen Prozessionsgruppen etwa von Francisco Zarcillo. Hier wird immer noch neapolitanischer Einfluß spürbar und ebenso eine erhebliche Distanz zum internationalen, höfisch strukturierten Rokoko.

In der Malerei allerdings erreichte das Spanien des 18. Jahrhunderts allgemeinere Bedeutung, dies allerdings ziemlich spät, nämlich mit Francisco José de Goya y Lucientes. Wie kein anderer Maler bezeichnet er zugleich das Ende des Rokoko und den Anfang einer neuen Zeit. Sein Frühwerk, die Entwürfe für die 46 Wandteppiche, die ab 1776 in der königlichen Manufaktur von Santa Barbara (Madrid) ausgeführt wurden, waren so etwas wie der Schwanengesang des Rokoko (Abb. 49). Aus dem kindlichen Spiel als Inhalt wird unvermittelt bitterer Ernst. Sogar der Tod (eines Bauarbeiters) taucht in den arkadischen und pastoralen Themen auf. Die Darstellungen der Jahreszeiten haben ihre allegorische Harmlosigkeit verloren; man kann den Eiseshauch des Winters wirklich und wie am eigenen Leib erfahren. Auch die spätbarocke Ikonologie ist durch Goya außer Kraft gesetzt. Aus dem Capriccio als ornamentaler Spielerei wurde bei ihm »el sueño de la razon«, der Schlaf der Vernunft, ein Alptraum; die Visionen, die daraus entstiegen, waren nicht mehr nur grotesk, sondern tödliche Bedrohung des Menschen.

In Goyas Fresken der kleinen Kirche von San Antonio de la Florida in Madrid (1798) kann man den Abgesang der barocken Deckenmalerei sehen. Hier imaginiert das Fresko nicht mehr einen himmlischen Ort. In den dunklen, unbunten, erdigen Farben ist die Illusionskraft des Di-sotto-in-sù gebrochen – und doch ist andererseits (etwa in der Darstellung der Zuschauer oben an der Kuppelbalustrade) der Illusionismus wieder immanent geworden wie einst in den Anfangszeiten der Illusionsmalerei bei Mantegna.

Um Goyas Revolution zu erfassen, muß man sein Werk nur mit dem (oft sehr ähnlichen) von Ramón Bayeu oder Marino Salvador Maella vergleichen, die beide den konventionellen Standard verkörpern.

Erwähnt werden sollte noch die allerspäteste Bodegón-Malerei von Luis Menéndez (Meléndez), der zunächst als Stillebenmaler in der Tradition Zurbaráns zu sehen ist, der aber auch in seinen Reduktionen auf wenige geschmackvoll arrangierte Gegenstände seinem Zeitgenossen Chardin nahekommt.

ITALIEN. In Italien gab es keine Rokokoarchitektur nach französischem Muster, dagegen die verschiedensten Ausprägungen von Rokoko-Dekoration oder Synthesen aus spätbarocken Formen und *style rocaille.* Die

50 Francesco Guardi, Lagune mit Ruinen, um 1780. London, National Gallery

politischen Potenzen Italiens waren im Niedergang: Venedig, Rom, die Lombardei, Savoyen und das Königreich beider Sizilien. Gerade in diesem Niedergang kam es zu Sonderleistungen des ausgehenden Barock, die zum Teil auf andere Länder ausstrahlten.

In einer Zeit, da Italien zum Ziel der unumgänglichen Bildungsreise des Gentleman geworden war, stellte es sich den Besuchern in malerischen Ansichten dar. Ein Beispiel dafür sind die *Différentes vues dessinées* ..., gezeichnet von Fragonard auf der Italienreise, die er mit dem Abbé de St.-Non 1760/61 unternahm. In Venedig, das zunehmend zu einer perennierenden Festdekoration geworden war, bildete sich die malerische Vedute aus, die der Dokumentation von festlichen Ereignissen, dem venezianischen Augenfest oder schließlich dem (englischen) Käufer als *ricordo* diente. Über Luca Calevaris geht eine Linie der Vedutenmalerei zu Canaletto, dessen Neffen Bernardo Bellotto, die beide schließlich von England bis Polen als Spezialisten für Veduten der festhaltenswerten Ansichten engagiert wurden, und Francesco Guardi (Abb. 50).

Bei den venezianischen Vedutisten, bei Piranesi und Giovanni Paolo Pannini (Abb. 51) ist die Distanz auffallend, aus der die Gegenstände, die Städte und die Relikte der Antike gesehen sind. Korrelat zu dieser (zeitlichen wie optischen) Distanzierung ist das Pittoreske. Die römischen Ruinen, das verfallene Venedig erscheinen in den Veduten wie das Szenarium einer historischen Oper. Es gibt keinen wirklichen Unterschied mehr in den Ansichten von antiken oder barocken, zeitgenössischen Objekten, was beiträgt zu dieser endzeitlichen Stimmung, die gerade in Venedig so deutlich wird.

Eine andere wesentliche Leistung Venedigs während des Rokoko war seine Möbelkunst. Nach dem wichtigsten Vertreter der Familie Brustolon, Andrea, waren es vor allem die Remondini aus Bassano, die berühmt wurden für ihre Kommoden, Spiegelrahmen und Wiegen, die sich in ihren barocken plastischen Formen zwar von allen anderen europäischen Möbeln deutlich unterschieden, in ihrer farbigen Fassung und in der Rocailledekoration aber eine populäre Art permanenter Festdekoration darstellten.

Wenn Venedig so sehr das 18. Jahrhundert prägte, liegt das daran, daß hier gerade die neuen Bildtypen hervorragende Vertreter hatten. Rosalba Carriera war Spezialistin für die beliebte Gattung des Pastellporträts und bereiste mit ihrer Kunst ganz Europa, während Pietro

1 Jean-Honoré Fragonard, Die Schaukel, 1767. London, Wallace Collection

2 Antoine Watteau, Die Einschiffung nach Kythera, um 1717. Berlin, Schloß Charlottenburg

3 François Boucher, Bildnis Madame de Pompadour, 1759. London, Wallace Collection

4 Maurice Quentin de Latour, Bildnis Ludwig XV. (reg. 1715–74). Paris, Louvre

5 Joseph Anton Feuchtmayr, Immaculata, 1720er Jahre. Berlin, Staatliche Museen ▷
Preußischer Kulturbesitz, Skulpturengalerie

51 Giovanni Paolo Pannini, Die Piazza Navona in Rom, 1756. Hannover, Niedersächsische Landesgalerie

Longhi wichtiger Exponent der Genremalerei wurde (parallel zu Chardin in Frankreich).

Hier wie anderswo in Italien gab es allerdings keine *architecture moderne.* Der Palazzo Galenga Stuart (früher Antinori) in Perugia (1758, von Francesco Bianchi) oder der Palazzo Madama in Turin (1718–21, mit der Fassade von Juvara), der Palazzo Reale in Caserta (seit 1752, von Luigi Vanvitelli; Abb. 52), die Villa Pisani in Strà (1740, von Frigimelica) und das Jagdschloß von Stupinigi (1729 begonnen,

◁ ◁ 6 Joseph Anton Feuchtmayr, Der Honigschlecker, 1748/50. Birnau, Klosterkirche, Seitenaltar des Bernhard von Clairvaux

◁ 7 Wieskirche, Wies, 1745–54. Innenansicht mit Blick zum Chor. Architekt: Dominikus Zimmermann

52 Schloß Caserta bei Neapel, 1752–72. Prunktreppe mit Oktogon im Obergeschoß. Architekt: Luigi Vanvitelli

von Juvara; Abb. 54, 55): sie alle unterschieden sich zwar stilistisch und bedingt durch die jeweilige Aufgabenstellung, gemeinsam ist diesen Bauten jedoch die barocke Tendenz, die traditionellen Elemente mit Aplomb einzusetzen. Dies gilt genauso für den Kirchenbau, etwa für die Fassade von S. Giovanni dei Fiorentini in Rom (1734, von Alessandro Galilei) oder für die Fassade von S. Giovanni in Laterano (ebenfalls von Galilei, 1733–36). Dispositionen im Sinne des Rokoko finden sich in Italien am ehesten in kleinen, den *maisons de plaisance* vergleichbaren Bauten. Als ein Beispiel kann die Villa Palagonia in Bagheria in der Nähe von Palermo gelten (1715, von Maria Tommaso Napoli und Agatino Daidone; Abb. 53). Den Grundriß bildet ein Bogen mit zentralem Ovalraum. Das ergibt ebenso intime wie kapriziöse Formen aus vorsätzlich konstruierten Resträumen. In der Ikonologie wie in der Architektur war dieses Gebäude ein Capriccio. Die Villa Valguarnera (1715, von denselben Architekten erbaut), auch in Bagheria, zeigt, wie barocke Tendenzen gleichsam pervertiert werden konnten. Eine gekrümmte Fassade umgibt, nach einer allgemeinen Praxis des 17. Jahrhunderts, konvex einen Zentralkörper; indem aber dieses Monumentalschema auf eine kleine Landhausanlage übertragen wurde, entstand eine Art Capriccio, wenn nicht gar eine Parodie.

Der Ausbildung von extremen architektonischen Lösungen, etwa in kompliziert sich überschneidenden Gewölbeformen, kamen die Vorleistungen Guarinis in Piemont entgegen. Bernardo Antonio Vittone, der im übrigen auch zwei Bücher einer ›Architettura civile‹ veröffentlichte (1760, 1766), baute seit den vierziger Jahren in Piemont eine Reihe von Kirchen, die in der Gewölbezone phantastische Perspektiven ergeben. Was bei Juste-Aurèle Meissonnier, ebenfalls einem Piemontesen, sich nur in den Ornamentstichen findet, das wurde von Vittone (bei allen nötigen Einschränkungen) architektonisch realisiert.

Der meistbeschäftigte Architekt war Filippo Juvara, geboren in Messina. Seine Basilika von Superga (nahe Turin, 1717–31) war noch eine klassische Synthese von römischer und norditalienischer Tradition. Das läßt sich auch von der Fassade von S. Cristina (1715) und dem Innenraum der Carmine in Turin (1732) sowie von der Fassade des Palazzo Madama (1718) aussagen. Ein Hauptwerk, das Jagdschloß von Stupinigi, kann nicht nur wegen des originellen Grundrisses (Andreaskreuz mit Mittelsaal) als ein Requisit des »Theatrum Architectonicum Pedemontii« (Brinckmann) bezeichnet werden (Abb. 54, 55). Geschweifte Galerien, Fensteröffnungen mit kompliziertem Kontur, Pilaster, die als Voluten auslaufen: solche Elemente sind ansonsten aus Theaterprospekten etwa der Bibiena bekannt. Tatsächlich hat Juvara auch für das Theater Entwürfe gefertigt. Seine Zeichnungen (etwa im Museo Civico in Turin, 1728) gehören zu den Vorläufern des *genre pittoresque*; hier setzt die Linie der Ornamentphantasien eines Meissonnier oder de Lajoue ein.

Dem Kreis der Bologneser Architekten und Bühnenbildner Bibiena – den wohl bedeutendsten Spezialisten für Szenarien und Festdekorationen – verdanken wir eine Neuerung im Bühnenbild, die sehr typisch

53 Villa Palagonia, Bagheria bei Palermo, 1715ff. Gartenfront. Architekten: Maria Tommaso Napoli und Agatino Daidone

54 Jagdschloß Stupinigi bei Turin, 1729–33. Ehrenhof. Architekt: Filippo Juvara

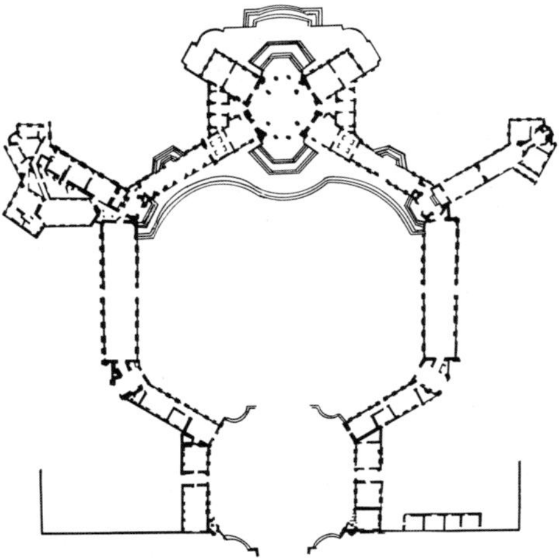

55 Jagdschloß Stupinigi bei Turin, 1729–33. Grundriß

ist für den Kunstbegriff des Rokoko. Es handelt sich um die sogenannte *scena per angolo.* 1703 hatte Ferdinando Galli-Bibiena ein Bühnenbild entworfen, in dem sich die Architektur vor dem Betrachter nicht mehr in symmetrisch linearer Perspektive öffnet, sondern über-

56 Giuseppe Galli-Bibiena, Bühnenbild zur Oper ›Sirita‹. Kupferstich von Johann Andreas Pfeffel, 1740

eck zu sehen ist. Damit ist nicht nur der bislang bestehende Zusammenhang von Zuschauerraum und Bühnenraum unterbrochen; die Ansicht der Bühnenarchitektur erscheint zugleich wie in einem zufälligen Bildausschnitt. Das System hat sein Sohn Giuseppe Galli-Bibiena zur ›Bühnenreife‹ entwickelt, es wurde fester Bestandteil der zukünftigen Theaterdekoration (Abb. 56). Damit war ein barockes Prinzip aufgegeben, das aus einem innigen Verhältnis des Betrachters mit der ihm gebotenen Illusion bestand. Die neue Guckkastenbühne dagegen bot distanzierte Bilder.

DAS HEILIGE RÖMISCHE REICH. Dem politischen Zustand entsprechend wechselt das Bild der Kunstlandschaften im Gebiet der deutschen Sprache, besser des Heiligen Römischen Reichs, im 18. Jahrhundert ständig. Den katholischen und protestantischen Landen war ein Rückgang des italienischen Einflusses zugunsten einer Orientierung an der modernen Kunst Frankreichs gemeinsam, die zugleich mit einer wachsenden nationalen Selbständigkeit einherging.

Unter solchen Vorzeichen kam es zur Ausbildung von aufschlußreichen Sonderformen in der *Architektur.* Eine davon ist das große Treppenhaus im Schloß. Zunächst lassen sich die Beispiele von Bruchsal, Würzburg (Abb. 59, 60), Brühl (Abb. 67) usw. von den Prototypen der Escalier de la Reine und der Escalier des Ambassadeurs in Versailles ableiten. Wie die Prunktreppe jetzt allerdings an die zentrale Stelle im Schloß rückte, das war nicht in Frankreich vorgeprägt.

In der fürstbischöflichen Würzburger Residenz wurde das Treppenhaus unter der Regie von Balthasar Neumann zu einem grandiosen theatralischen Schauplatz, ganz verständlich nur aus dem Zeremoniell, das eine solche Treppe zum Begegnungsort hoher Herrschaften bestimmte. Die weiteren Zeremonialräume scheinen dabei nicht mehr zu sein als Affixe dieses Treppenhauses. Der Anspruch dieser Form war zunächst in dem Schönborn-Schloß Weißenstein bei Pommersfelden aufgetreten, wo der Architekt Johann Dientzenhofer sogar das System eines Binnenhofes, wie in einem Genueser Palazzo etwa, bemühte, um mit der Treppe einen in jeder Hinsicht zentralen Raum zu erstellen (Abb. 58). In Würzburg kulminierte zwar das Bildprogramm der Residenz in den immensen Fresken Tiepolos aus den fünfziger Jah-

57 Oberes Belvedere, Wien, 1721–23. Hauptfassade. Architekt: Johann Lukas von Hildebrandt

ren, aber zu einer entsprechenden Ausstattung kam es nicht mehr, obwohl Entwürfe für den Rocailledekor der Treppe angefertigt wurden. Die Sonderform des deutschen Treppenhauses ist spätbarock. Das wird deutlich, wenn man von hier aus in die entsprechend dem *style rocaille* gestalteten, sich anschließenden Räume gelangt: Das ›Rokoko‹ zeigt sich dort als moderner Dekorationsmodus in einer letztlich obsoleten Struktur.

In *Österreich* war es dank Johann Bernhard Fischer von Erlach zur Ausbildung einer genuinen Barockkunst gekommen. Es handelt sich dabei um einen Synkretismus hohen Grades, der sowohl französische Elemente als auch und vor allem italienische aufnahm. Seitdem dominierte klassisches Pathos die kaiserliche Architektur für lange Zeit. Die Bauten des Johann Lukas von Hildebrandt, Architekt des Prinzen Eugen (Unteres und Oberes Belvedere, 1714–15 vollendet/1721 begonnen; Abb. 57), unterscheiden sich dabei von denen Fischers vor allem durch den Einsatz des Ornaments, das bei Hildebrandt in der architektonischen Struktur einen höheren Stellenwert einnimmt. Unter Maria Theresia ist dann zu beobachten, was auch für Bayern unter Kurfürst Karl Albrecht gilt: In Schönbrunn wurden ähnlich wie in der Münchener Residenz durch entsprechende Ausstattungen neue Repräsentationsräume geschaffen, wobei es zu keinen besonders originellen Konzeptionen in Hinblick auf die Raumformen mehr kam. Die entsprechenden Enfiladen in Schönbrunn oder in der Hofburg von Innsbruck sind gekennzeichnet durch den recht sparsamen Umgang mit dem Rocailleornament, was auch an die Ökonomie des Ornamentalen in Frankreich erinnert.

Böhmens Beitrag zur Kunst des 18. Jahrhunderts bestand vor allem in der Entwicklung einer kirchlichen Architektur, deren komplizierte Struktur von Wand und Gewölbe (Bauten von Christoph und Kilian Ignaz Dientzenhofer) ihre stilistische Herkunft von oberitalienischen Mustern, etwa Guarini, nicht verleugnen. Hier finden sich wiederum wesentliche Grundlagen für die Rokokokirche in Bayern. Insgesamt

58 Schloß Weißenstein bei Pommersfelden, 1712–18. Treppenhaus mit Deckenfresko von Johann Rudolf Byss (1660–1738). Entwurf des Treppenhauses: Johann Lukas von Hildebrandt ▷

gesehen ist der Charakter dieser böhmischen Kirchenarchitektur jedoch als barock zu bezeichnen.

Der Aufstieg des Kurfürstentums *Sachsen* zu einer mitteleuropäischen Macht, der Gewinn der polnischen Königskrone unter August dem Starken geschahen, kunsthistorisch gesehen, in der Phase des Spätbarock. Bei seinen Aufträgen für den Goldschmied Melchior Dinglinger, bei den aufwendigen Schloßprojekten, vor allem beim von Matthäus Daniel Pöppelmann geplanten sogenannten Zwinger in Dresden (1711–22) handelte es sich insgesamt um Unternehmungen, die vergleichbar waren oder in Konkurrenz standen zu den ambitionierten kaiserlichen Bauten oder denen anderer Kurfürsten. Unter Friedrich August II., dem Nachfolger, kam es zwar zu einer Reihe von bemerkenswerten Raumdekorationen, jedoch nicht mehr zu einer individuellen oder besonders originellen Rokoko-Variante.

Das Gebiet *Frankens* war im 18. Jahrhundert ein bunter Teppich verschiedenster Herrschaften. Die Familie der Schönborn, seit 1701 im Reichsgrafenstand, stellte eine Reihe von Bischöfen in Würzburg, Mainz und Bamberg. So war der berühmteste Vertreter des Hauses, Lothar Franz Bischof von Bamberg, Erzbischof und Kurfürst von Mainz und Reichserzkanzler; er baute die Bamberger Residenz, die Schlösser Gaibach und Pommersfelden (Abb. 58). Johann Philipp Franz wurde 1719 Bischof in Würzburg, sein Bruder Friedrich Karl war Reichsvizekanzler in Wien. In Zusammenarbeit und regem Gedankenaustausch zwischen beiden entstand seit 1720 die Würzburger Residenz (Abb. 59, 60). Die Favorite in Mainz (durch Maximilian von Welsch erbaut, 1712–18) war ebenfalls ein Schönborn-Projekt. Vor allem das Residenzschloß in Würzburg aber wurde zu einer Synthese von dem, was die Schönborn für modern und international hielten. Die Entstehungs- und Planungsgeschichte dieses Würzburger Schlosses kann im übrigen ein Bild vermitteln von den Gepflogenheiten kunstsinniger Bauherren, dem Arbeitsbetrieb und auch dem Concettismus, der sich nicht nur der Bildausstattung, sondern auch der Gesamtdisposition aufprägte. Balthasar Neumann hatte Vorschläge von de Cotte in Paris, Hildebrandt in Wien und seines Kollegen Welsch zu subsumieren. Herkömmliche und sogar altertümliche Strukturen wurden mit Sonderformen wie dem zentralen Treppenhaus angerei-

59 Residenz, Würzburg. Treppenhaus (1737–39) mit Fresko von Giovanni Battista Tiepolo (1751–53). Entwurf des Treppenhauses (1735): Balthasar Neumann

60 Balthasar Neumann (Büro), Längsschnitt durch den Mittelbau der Würzburger Residenz mit Treppenhaus und Weißem Saal, um 1743. Berlin, Staatliche Museen Preußischer Kulturbesitz, Kunstbibliothek

chert; dazu kam einerseits die Orientierung an den französischen Modellen der Rokoko-Ausstattung, andererseits dominierte wieder die barocke Triumphalidee. Hier verband also klassische Schloßarchitektur heterogene Elemente: das deutsche Treppenhaus, eine persönliche und pompöse Innendekoration nach modernen Vorlagen und ein gigantisches Fresko von Tiepolo.

In Franken erreichte die spätbarocke Kirchenarchitektur noch einmal einen Höhepunkt. In Balthasar Neumanns Wallfahrtskirche Vierzehnheiligen (1743 begonnen; Abb. 61, 62) bestimmen die Überschneidungen der einzelnen Gewölbeteile das ›pittoreske‹ Erscheinungsbild einer ansonsten fast klassisch konstruierten Architektur. Hier hat auch die Rocailledekoration eine wichtige Rolle zugewiesen bekommen (Stuckarbeiten von Johann Michael Feichtmayr, Fresko von Giuseppe Appiani). Bemerkenswert ist in der Vierung der aus großen Rocailleornamenten gebildete ›Nothelferaltar‹, entworfen von Johann Jakob Michael Küchel.

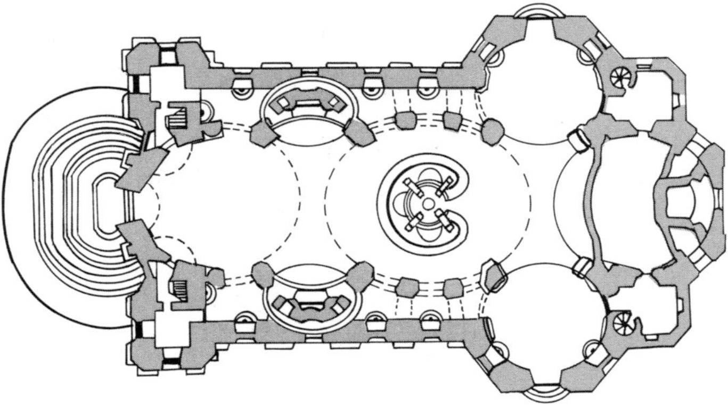

61 Wallfahrtskirche Vierzehnheiligen, 1743–72. Grundriß

62 Wallfahrtskirche Vierzehnheiligen, 1743–72. Inneres mit Nothelferaltar von Johann Jakob Michael Küchel (um 1768/70). Architekt: Balthasar Neumann

63 Schloß Clemenswerth bei Sögel, 1736–50. Gesamtansicht. Architekt: Johann Conrad Schlaun

In der Kunstlandschaft *Westfalen* mit ihren engen Verbindungen zu den Niederlanden gelangte Johann Conrad Schlaun zu Synthesen älterer barocker Prinzipien (im Sinne des niederländisch-englischen Palladianismus) mit der französischen Moderne. Sein Jagdschloß Clemenswerth (1736–50; Abb. 63), ein Arrangement von Hofgebäuden um einen Hauptpavillon, variiert einen französischen Typus. Auffallend ist die fast puritanische Bauweise in Backstein, auf dem Dekoration außen nur in wenigen Festons und Jagdtrophäen besteht. Im Haus Beck griff Schlaun auf den Grundriß des Hôtel de Matignon in Paris zurück (Abb. 23), während er beim konkaven Grundriß des Erbdrostenhofs in Münster (1753–57) ein spätbarockes, wenn nicht römisches Muster adaptierte.

Starke Annäherungen an die französischen Maßstäbe prägten den Stil am Hof von *Hessen-Kassel.* Über drei Generationen war hier die Hugenottenfamilie der du Ry tonangebend. Nüchternes Maßhalten und (protestantische) Zurückhaltung zeichnen ihre Arbeiten aus. Schloß

64 Schloß Wilhelmstal, Kassel, 1753ff. Hauptfassade. Entwurf: François de Cuvilliés

Wilhelmstal nahe Kassel, 1753 von Charles-Louis du Ry nach Entwürfen von Cuvilliés begonnen und von Johann August Nahl dekoriert, ist ein typischer Ausläufer des späten Louis XV (Abb. 64). Sparsam und geschmackvoll angesetzte Rocailledekorationen gehen hier eine Verbindung mit dem für Frankreich so typischen latenten Klassizismus ein.

In *Bayern* endete die barocke und megalomane Phase der riesigen Projekte (Nymphenburg, Schleißheim) mit dem Tod des Kurfürsten Maximilian II. Emanuel (1726). Von nun an wurde die von Max Emanuel begonnene Tradition der kleinen Gartenbauten fortgeführt, und es entstanden unter seinem Nachfolger Karl Albrecht bezeichnenderweise nur noch Innenausbauten, vor allem in der Münchener Residenz.

Die Umstände, unter denen Bayern das Rokoko übernahm, sind paradigmatisch. François de Cuvilliés, 1695 im belgischen Hennegau geboren, diente zuerst als Hofzwerg unter Max Emanuel, wurde dann zur künstlerischen Ausbildung zu Blondel nach Paris geschickt und kehrte 1724 zurück. Dank seines Kontakts mit den französischen Ornamentalisten war er der erste, der das Rocailleornament in Deutschland anwandte. Obwohl als Architekt ausgebildet, beschränkte sich sein Wirken hauptsächlich auf Innendekoration und kleine *maisons de plaisance*, das königliche Jagdschloß Falkenlust bei Brühl (1729), Paradezimmer in der Münchener Residenz (1730–37), die Amalienburg im Nymphenburger Park (Abb. 65, 66) und das Residenztheater (1751–53). Trotz seines außerordentlichen Talents war seine Stellung als Hofarchitekt prekär. Das äußerte sich, wenn auch niemals offen, in dem Konflikt zwischen monumentaler Ambition und den begrenzten Möglichkeiten des Rokoko. Cuvilliés arbeitete zunächst unter Joseph Effner, der ebenfalls in Paris ausgebildet worden war. Unter Effner entwickelte sich ein Stil in Bayern, der aus der Dekorationskunst des Spätbarock mit französischen Régence-Einflüssen abzuleiten ist. Dies trifft auch für das Werk der Gebrüder Cosmas Damian und Egid Quirin Asam zu, die beide in Rom studierten. Obwohl die Asam nie in Frankreich waren, entwickelten sie ein der zeitgenössischen französischen Dekoration entsprechendes Ornament.

Cuvilliés schuf 1734–39 die Amalienburg im Park von Nymphenburg, eine *maison de plaisance* in reiner Ausformung und zugleich eines der schönsten Beispiele des Rokoko in Bayern. Der Bau ist ein-

65 Amalienburg im Park von Schloß Nymphenburg, München, 1734–39. Hauptfassade. Architekt: François de Cuvilliés

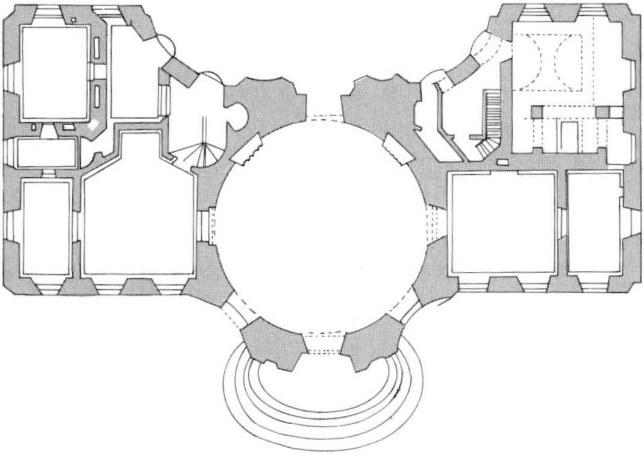

66 Amalienburg im Park von Schloß Nymphenburg, München, 1734–39. Grundriß

geschossig, maßvoll und gemäß der französischen Theorie modern, und zugleich wird hier mit den barocken Möglichkeiten des Schloßbaues ein Spiel getrieben, wenn etwa die Fassade auf der einen Seite um den Mittelsaal vorgewölbt und auf der Rückseite konkav eingezogen ist. Ebenso geistreich ist der Einfall, an den kreisrunden Mittelsaal symmetrisch je eine Enfilade en miniature anzuschließen, so als wolle man das Schema von Schloß Vaux-le-Vicomte variieren. Die Art der Innendekoration (Abb. 41) hat man häufig mit französischen Vorbildern verglichen, aber dabei werden auch die Unterschiede, etwa zu Boffrands Ovalsaal im Hôtel de Soubise (Abb. 29), sehr deutlich. Cuvilliés wendet nämlich entgegen dem Pariser Brauch das Ornament so frei an, wie es ansonsten nur in den Vorlageblättern geschah. Es war

67 Schloß Augustusburg, Brühl. Treppenhaus, 1743–48. Entwurf des Treppenhauses (1740–41): Balthasar Neumann

sein Verdienst, das *genre pittoresque* in Deutschland als reale Dekorationsmöglichkeit eingeführt zu haben, die in Süddeutschland dann, gegen 1740, auch im Kirchenbau genutzt wurde.

Die Architektur des *Rheinlandes* sollte gemeinsam mit der bayerischen betrachtet werden. Schloß Brühl in der Nähe von Bonn wurde für den Wittelsbacher Clemens August, Erzbischof von Köln, ab 1725 erbaut. Mitarbeiter waren der Westfale Schlaun, Cuvilliés aus München und der fränkische Architekt Neumann. Das Zentrum bildet das Treppenhaus Neumanns (1743–48; Abb. 67), von Carlo Carlone stammt die Freskierung. Treppenhaus und Staatszimmer sind beinahe Elemente einer theatralen Szenerie geworden.

Die wichtigste bauliche Unternehmung des zentralen 18. Jahrhunderts in *Württemberg* ist Schloß Ludwigsburg (Abb. 68), dessen neues *corps de logis* (1729–33) von Donato Frisoni nach den Plänen von Paolo Retti ausgeführt wurde. Die Abhängigkeit von französischen Mustern ist leicht festzustellen. Château Montmorency kommt als Vorbild in Betracht; außerdem finden sich ganz moderne Elemente, die auf genaue

68 Schloß Ludwigsburg, 1704 ff. Gesamtansicht. Architekt: Donato Frisoni (ab 1714)

Kenntnis der neuesten französischen Theorien schließen lassen. Einzelne Formen wie zum Beispiel die flach-ornamentalen Fensterrahmungen sind aus Briseux übernommen. Allein das Treppenhaus weist den Bau als ebenso spätbarock aus; es ist nicht denkbar ohne österreichischen Einfluß.

Das *preußische* Rokoko war der Stil Friedrichs des Großen. Seine Vorliebe für die französische Sprache und Philosophie ebenso wie für Watteau und das sogenannte Watteau-Genre ist bekannt. Gleichermaßen auffallend ist Friedrichs klassizistische Neigung, die ihren Ausdruck im Palladianismus seines Architekten Georg Wenceslaus von Knobelsdorff fand. Das Weinbergschloß von Sanssouci (1744–47; Abb. 6, 69, 70) wurde vom König sogar selbst in der Anlage skizziert, und schließlich kam es auch zu Auseinandersetzungen mit dem Architekten. Es ging unter anderem darum, ob der Erdgeschoßbau in seiner Hügellage nicht vom Tal aus gesehen zu sehr in Untersicht verschwinde. Während Knobelsdorff die Basis erhöhen wollte, um zu einem Belvedere-Typ nach spätbarockem Muster zu gelangen, nahm

69 Schloß Sanssouci, Potsdam, 1744–47. Ansicht mit Weinberg. Architekt: Georg Wenceslaus von Knobelsdorff

70 Schloß Sanssouci, Potsdam. Blumenzimmer, 1752–53. Dekoration: Johann Christian Hoppenhaupt

der König das Manko hin, nur um sich an die Richtlinien der entsprechenden französischen Theorie zu halten. Nicht zu übersehen ist, daß aus einer Spannung zwischen spätbarocken Elementen und dem neuen modernen Stil ein eigenständiges Gestaltungsprinzip entwickelt wurde. An der Fassade von Sanssouci findet sich das äußerst plastische Element der Karyatiden (von Friedrich Christian Glume); diese gewinnen jedoch ihre Berechtigung keineswegs als tektonisch notwendige Tragefiguren, sondern eher als Teile eines geistreichen und komischen Capriccio.

Mit den Innendekorateuren Johann August Nahl und den Brüdern Johann Michael und Johann Christian Hoppenhaupt entwickelte sich in Preußen ein bemerkenswerter Dekorationsstil. Im Gegensatz zu Süddeutschland ist die Rocaille sparsam eingesetzt, bleiben die Wandflächen teilweise frei, verläuft oft anstelle eines Gesimsprofils nur noch eine lockere Blumenborte, wie im Blumenzimmer von Sanssouci (Hoppenhaupt, nach 1750; Abb. 70) und in der Goldenen Galerie in Charlottenburg (Knobelsdorff und Nahl, 1740). Der Hofmaler Pesne transponierte Elemente aus dem Watteau-Genre auch in die Deckenmalerei.

Im Feld der *Skulptur* antwortete Deutschland, insbesondere Süddeutschland, auf die vor allem mythologische Themen abbildenden französischen Werke mit einer religiösen Plastik, die gleichwohl bestimmte höfische, ›galante‹ Züge annahm. Bezeichnenderweise arbeitete man nicht länger in Marmor, sondern – die Freiplastik natürlich ausgenommen – beinahe ausschließlich in Holz oder Stuck. Mit ihrer Überführung des Religiösen in die sinnliche Form drangen Ignaz Günther, Joseph Anton Feuchtmayr (Ft. 5, 6), Paul Egell und Johann Baptist Straub bis an die Grenze des Trivialen vor, nie jedoch darüber hinaus. Künstlerisches Prinzip war das Wechselspiel zwischen dem sakralen Sujet und der in galanter Manier exaltierten Form. Während die Quellen des Stils in Italien gesucht werden müssen, erweist sich der Vergleich mit französischer galanter Malerei, insbesondere Fragonards, als ergiebiger – mit dem Unterschied aber, daß hier das Amouröse auf ebenso naive wie kultivierte Weise sublimiert wird.

Bei aller Vitalisierung und Versinnlichung verleugnet diese Skulptur doch nie ihren ›bloßen‹ Kunstcharakter. Porzellangleich in Weiß und Gold gefaßt (Ft. 6), ist ihre Bestimmung nicht, wie im Falle der spätbarocken Plastik, eine überzeugende Illusion von Realität zu bieten, sondern als Kunst zu wirken.

Der Übergang zum Capriccio gelang Ferdinand Dietz in Franken. Seine Gartenplastik in Veitshöchheim (1765–68; Abb. 71) scheint sich einer ikonographischen Grille zu verdanken: Die traditionelle Gartenikonologie wird aufgelöst in Spiel und Travestie. Die Welt der deutschen Rokoko-Skulptur ist letztlich eine Welt der Putti, die die großen Stoffe umformen und verniedlichen.

Ein Blick auf die Gesamtheit der *Malerei* innerhalb des Reiches enthüllt eine qualitative Gewichtung zugunsten der Monumentalmalerei. Vor allem im katholischen Süden und Westen sind es die Deckenfresken und die großen Altarblätter, in denen bei allen italienischen und weniger französischen Vorleistungen sich Originalität und Qualität zeigen. Dabei ist schon bei den vielen Altarblättern (in Öl auf Leinwand), wie wir sie von den bedeutenden Freskanten kennen – von Paul Troger über Franz Anton Maulpertsch (Abb. 72) in Österreich bis zu Johann Georg Bergmüller, Johann Wolfgang Baumgartner, Matthäus Günther in Augsburg –, aber auch bei den ganz Großen, etwa Johann Evangelist Holzer, ein deutlicher Verlust an Transparenz und Luzidität der Bilder gegenüber den gleichzeitigen Fresken festzustellen.

Nicht zu übersehen ist der Einfluß vor allem venezianischer Wanderkünstler: Ricci malte um die Jahrhundertwende in Schönbrunn, Amigoni später in Ottobeuren und Schleißheim, Tiepolo schließlich ab 1750 in Würzburg (was wegen des recht späten Datums freilich nicht mehr so wirkungsvoll war). Erwartungsgemäß wurde auch das Perspektivsystem des Andrea Pozzo in Süddeutschland angewandt. Die Art und Weise allerdings, wie man dessen konsequente perspektivische Untersichten modifiziert hat, ist aufschlußreich. Was bei Pozzo optische Verlängerung der Realarchitektur sein sollte, wurde zwar übernommen, ist aber jetzt, indem diese malerische Fortsetzung der Wirklichkeit aufgelöst wird, als Bild über beliebigen Wandsystemen aufgesetzt.

1724–25 malte Tiepolo im Palazzo Sandi in Udine eine Allegorie auf die Macht der Rhetorik. Auf den vier Seiten des Freskos – also im ›Himmel‹ – fungiert der Hintergrund als Schauplatz für ein Ereignis. Es scheint sich dabei um eine venezianische Erfindung zu handeln, die bald von Amigoni in Deutschland eingeführt wurde. 1725 dekorierte er in der Klosterkirche von Ottobeuren eine kleine Kuppel rundum mit einer terrestrischen Szenerie. Auf diese Weise konnte die süddeutsche Freskomalerei am jeweiligen Rand und zumeist umlaufend Schauplätze entwickeln, sowohl für das Heilsgeschehen als auch und vor allem für narrative historische Stoffe. Ein Beispiel ist Franz Joseph Spieglers Hauptfresko in der Abteikirche in Zwiefalten (1751; Abb. 73).

◁ 71 Ferdinand Dietz, Der Herbst, 1765. Verschollen

72 Franz Anton Maulpertsch, Die Heilige Sippe, um 1752/53. Wien, Österreichische Galerie

73 Abteikirche, Zwiefalten, 1739–65. Chorkuppeln mit Fresken von Franz Joseph Spiegler (1741–51). Architekt: Johann Michael Fischer (ab 1741)

Unter einer Erscheinung Mariens in der Himmelsöffnung zeigt die umgebende Szenerie die berühmtesten Wallfahrtsorte, von Genazzano bis Fourvière und Altötting: Historische Stätten begegnen an jener Stelle des Freskos, wo bislang eine perspektivische Verlängerung des Realraumes nach oben durch die Quadraturmalerei hergestellt wurde. Man konnte dabei auf Möglichkeiten zurückgreifen, die es immer in der Geschichte des Deckenfreskos gegeben hatte, nämlich Ereignisbilder, wenn auch einansichtig, in das Di-sotto-in-sù einzubauen. Neu war allerdings, daß dies nicht mehr in einzelnen (gerahmten) Bildteilen geschah, sondern daß damit oben an der Decke eine kontingente eigene, meist umlaufende szenische Landschaft geschaffen wurde. In den Augen einer klassizistischen Theorie (Milizia) war es allerdings ein Unding, wenn an der Decke nicht nur Landschaften, sondern sogar das Meer mit Schiffen darauf, etwa anläßlich der Seeschlacht von Lepanto, erschienen; man kritisierte das vom Standpunkt einer perspektivischen Rationalität. Die Abbildung von historischen Stätten – Golgatha, Monte Gargano, der Areopag usw. – interpretierte den Realraum einer Kirche auf besondere Weise. Meistens diente das Bildsystem einer typologischen Ikonographie, die ebendiesen Raum programmatisch einschloß: Unter den Bildern wurde er zu einem zweiten Golgatha, Monte Gargano oder Areopag. Wir kennen gerade für Süddeutschland eine große Anzahl von Kirchweihpredigten, die diese Interpretation der Deckenmalerei aufgriffen und wiederholten. Wenn noch dazu – wie in manchen Kirchen – die Geschichte der Stiftung und des Kirchenbaues im ›terrestrischen‹ Deckenbild erschien, dann ergab das besondere ikonographische Folgerungen. Durch die typologische Parallelisierung wurde der jeweilige Bau als gottgewollte und sakrosankte Einrichtung anschaulich gemacht. Es war auch der Versuch einer Legitimation in der Vorahnung eines baldigen Endes dieser Einrichtungen.

Der *Kirchenbau* war in Frankreich längst klassizistisch geworden; in Italien wurden vor allem spätbarocke Strukturen weiter verwendet. In Süddeutschland dagegen entstand eine kirchliche Architektur, die man aus mehreren guten Gründen dem Stil des Rokoko zuordnen kann.

Bernhard Rupprecht hat Charakteristika der bayerischen Rokoko-Kirche (1959) erläutert: Es entwickelt sich ein (zentraler) Hauptraum, der als einziger Teil der Struktur zunächst von der gewohnten und

74 Dominikus Zimmermann, Entwurf für die Dekoration des Wies-Chores (Südseite), um 1744/48. Weilheim, Stadtmuseum

traditionellen ästhetischen Wirkung ist. Die Grenzen dieses zentralen Bereiches bleiben jedoch undefiniert, so daß Raumwahrnehmungen über die Grenzen des Raumes hinaus möglich werden, allerdings jetzt als *Bild* von Räumen. Deformationen, Isolierungen finden statt. Der Betrachter wird zu den peripheren Raumerscheinungen in Distanz gesetzt. Ein anschauliches Beispiel dafür ist die Wieskirche des Dominikus Zimmermann (1745–54; Ft. 7); hier ist auch – weiteres typisches Charakteristikum – eine Ornamentzone zwischen Fresko und Pfeilern eingeschaltet, die Teile der Architektur und des Bildes zugleich verwaltet (Abb. 74).

Das Bauprinzip der bayerischen Rokoko-Kirche kann definiert werden als eine Übertragung des ornamentalen Gedankens in die Architektur. Wie schon Georg Dehio (1930) beschrieben hat, wird der Rokoko-Charakter der Gebäude nicht nur von der Dekoration allein bestimmt, sondern grundsätzlich durch die Identität von Ornament und Architektur. Sehr wesentlich ist auch, wie Rupprecht es betonte, daß in der bayerischen Rokoko-Kirche (meistens vom Hauptraum aus) Prospekte angeboten werden, die den Charakter von Bühnenbildern haben. Das wird wiederum in der Wieskirche deutlich (Abb. 75). Pfeilerpaare stehen hier über einem ovalen Grundriß; ihr Abstand ist jedoch so groß, daß man nicht mehr den Eindruck von Arkaden hat, sondern eher den einer Öffnung im Sinne eines Proszeniums. Im anschließenden, sehr langen Chor gibt es Emporensäulen, die identisch mit denen des Hochaltars sind. Dadurch wird der Aufbau dieses Altares eins mit einem Raumteil, und es wird auch diese Gesamtheit als Bild, als Prospekt erfahrbar. Ähnliches gilt im Haupt-

75 Wieskirche, Wies, 1745–54. Grundriß

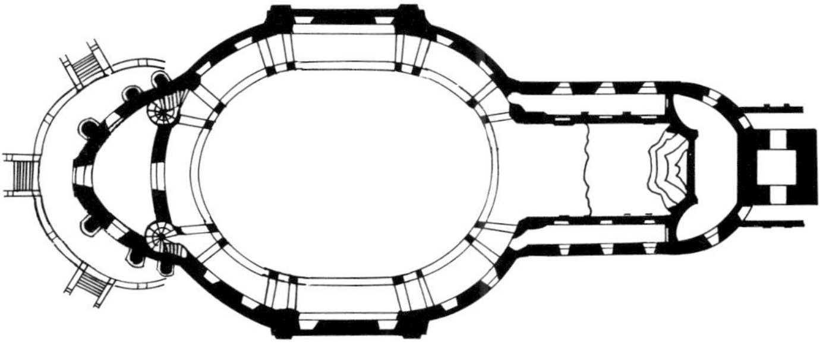

raum für den Blick nach oben: Über den Pfeilern gibt es keine konventionelle Entablatur, nur noch ein völlig ins Rocailleornament aufgelöstes Gesims. Das bewirkt anschaulich eine totale Freistellung der Pfeiler und ein Übergehen von der Architektur in den vom Deckenbild inszenierten Himmelsraum. Realarchitektur scheint bei dieser Inszenierung ›nur noch‹ die Überleitung in Bildvorstellungen des Himmels zu sein.

IV. Zu einer historischen Deutung

Es sollte nicht kunsthistorisches Endziel sein, ein epochales Phänomen, in diesem Fall mit dem Namen »Rokoko«, unter stilistischen Kriterien abzuhandeln, die vorher am gleichen Gegenstand entwickelt wurden. Sinnvoller ist es da, von extremen, ›kritischen‹ Formen und Ausprägungen her die epochale Ganzheit in ihrer Struktur anschaulich und verständlich zu machen. Gerade vor dem Rokoko erweist sich, wie gefährlich es sein kann, die unterschiedliche Laufgeschwindigkeit innerhalb verschiedener Strömungen nicht verifizieren zu wollen. Als stilistisches Ganzes ist ›Rokoko‹ schwer mit dem konventionellen kunsthistorischen Begriffsapparat zu erfassen. Es sollte jedoch möglich sein, Reduktionen wie die von Fiske Kimball, der im Rokoko nur einen Dekorationsstil sehen will, zu vermeiden.

Ein Blick auf die Gesamtheit der wesentlichen künstlerischen Erscheinungen im zentralen 18. Jahrhundert enthüllt ein bislang unbekanntes Phänomen. Es handelt sich um eine Distanzierung aller Gegenstände, die man deshalb auch Objektivierung nennen könnte. Getragen wird diese Objektivierung durch das Bild; in allen Bereichen entsteht ›Bildhaftigkeit‹. Diese äußert sich im englischen Landschaftsgarten wie mutatis mutandis in der bayerischen Rokokokirche. Die Gegenstände, Architektur, erscheinen als Teil von Prospekten, bildhaften Ansichten. Dabei werden erhebliche Unterschiede zum Hochbarock sichtbar. Hier war es die Aufgabe des Illusionismus, die Übergänge von der Realität zur Meta-Realität zu verwischen. Dagegen ist die ›ästhetische Grenze‹, um einen Terminus von Ernst Michalski zu benutzen, den Rokokokünstlern durchaus im Bewußtsein, ja sie wird sogar im Kunstwerk konstatiert, und es wird daraus ein ästhetisches Prinzip gemacht.

Das bedeutet vor allem eine Bewußtmachung des Künstlichen im Kunstwerk, und nicht zuletzt darin besteht die besondere Ästhetik des Rokoko. Die vielzitierte Unterstellung, Mme. de Pompadour habe parfümierte Porzellanblumen den natürlichen vorgezogen, ist ein Bild für den aus der Künstlichkeit entstandenen ästhetischen Reiz. Aber diese Genüsse sind von kurzer Dauer, sie sind vergänglich. Doch gerade die Transitorik steigert den Reiz des Schönen.

Am Übergang zu einer neuen Epoche schrieb Goethe 1788 seinen Aufsatz ›Frauenrollen auf dem Römischen Theater‹, in welchem er die Darstellung weiblicher Rollen durch Männer befürwortete: »Man empfand hier das Vergnügen, nicht die Sache selbst, sondern ihre Nachahmung zu sehen, nicht eine Individualität, sondern eine Realität anzuschauen.« Nicht die naturalistische Wahrscheinlichkeit ist die Instanz der Kunst, sondern die Eigengesetzlichkeit der einzelnen Gattung. Gerade an der Lieblingsform des Rokoko-Zeitalters, der Oper, wird dies dann weiter von Goethe erläutert (in ›Über Wahrheit und Wahrscheinlichkeit im Kunstwerke‹, 1798).

Ein wesentliches Merkmal der Kunst des zentralen 18. Jahrhunderts ist der Verlust des Glaubens an die transzendentale Kraft der Illusion. Zunehmend wurde die Kunst als ein Instrument der Illusion decouvriert, als ein Instrument, das nur Schein herstellt. Damit dürfte die Distanzierung aller Gegenstände dieser Kunst zu einem ›Eindruck‹, zu einer Bilderscheinung zusammenhängen. Man kann von einer ›Meta-Kunst‹ sprechen, wo alle Äußerungen der bildenden Kunst nur auf dem Weg eines ›Meta‹ des Bildes erfahrbar sind. Extreme Beispiele dieser ›Meta-Kunst‹ sind eben die Verselbständigung des Ornaments als Bildgegenstand, die Distanzierung der Architekturen im englischen Landschaftsgarten ebenfalls als Bildgegenstände oder die Separierung des Bühnenbildes als eigenständiges Bild gegenüber dem Zuschauer.

Ausgewählte Literatur

1. Kunstliteratur des 18. Jahrhunderts

A.-Ch. Daviler, *Cours d'architecture*, 2 Bände, Paris 1691 (Deutsche Ausgabe herausgegeben von L. C. Sturm, Augsburg 1725)

A. Pozzo, *Perspectiva pictorum et architectorum*, 2 Bände, Rom 1693–1702 (Augsburg 1708–11)

R. Frémin, *Mémoires critiques d'architecture*, Paris 1702

L. Liger, *Le jardinier fleuriste et historiographe*, 2 Bände, Paris 1704

A. Félibien des Avaux, *L'idée du peintre parfait*, London 1707. Neudruck Genf 1970

G. de Lairesse, *Het Groot Schilderboek*, 2 Bände, Amsterdam 1707. Reprint Soest 1970

G. da Gravina, *Della Ragion Poetica*, 1708. Reprint Lanciano 1930

R. de Piles, *Cours de peinture par principes ... avec une balance des peintres*, Paris 1708

A. J. Dézallier d'Argenville, *La théorie et la pratique du jardinage*, Paris 1709 (^{2}1728, englische Ausgabe London 1712)

P. Decker, *Fürstlicher Baumeister oder Architectura civilis*, 2 Bände, Augsburg 1711–16

A. Pope, *Essay on Criticism*, London 1711

Shaftesbury (A. A. Cooper, Earl of), *Characteristicks of Men, Manners, Opinions, Times ...*, London 1711

Caylus (A.-C.-Ph. de Tubières, Comte de), *Voyage d'Italie 1714–1715*, herausgegeben von A. Pons, Paris 1914

L.-G. de Cordemoy, *Nouveau traité de toute l'architecture*, Paris ^{2}1714

J. P. Crousaz, *Traité de Beauté*, Paris 1714

S. Le Clerc, *Traité d'architecture avec des remarques et des observations*, 2 Bände, Paris 1714

C. Campbell, *Vitruvius Britannicus*, Band 1–2, 1715–17; Band 3, 1725. Reprint herausgegeben von J. Harris, New York 1967

A. Palomino de Castro y Velasco, *El Museo pictórico y Escala óptica*, 3 Bände, Madrid 1715–24 (3 Bände, ^{2}1795–97)

A. Houbraken, *De groote Schouburg der Nederlantsche konstschilders en schilderessen*, 3 Bände, Amsterdam 1718–20 (^{2}1753; Reprint Amsterdam 1976)

L. C. Sturm, *Vollständige Anweisung grosser Herrenpaläste ... nach dem heutigen Gusto schön und prächtig anzugeben*, Augsburg 1718

J.-B. Dubos, *Réflexions critiques sur la poésie et sur la peinture*, Paris 1719 (3 Bände, Paris ^{7}1770)

B. de Montfaucon, *Antiquité expliquée*, Paris 1719

Ch.-A. Coypel, *Œuvres*, Paris 1720–52. Reprint Genf 1971
N. Goldmann, *Vollständige Anweisung aller Arten von regularen Prachtgebäuden nach gewissen Regeln zu ersinnen, auszuteilen und auszuzieren* (durch L. C. Sturm erweiterte Ausgabe), 21 Bände, Augsburg 1720–61
J. J. Bodmer und J. J. Breitinger, *Die Discourse der Mahlern*, Zürich 1721–23. Reprint Hildesheim 1969
A. Coypel, *Discours prononcés dans les conférences de l'Académie Royale de peinture et de sculpture*, Paris 1721
J. B. Fischer von Erlach, *Entwurff einer Historischen Architectur*, 4 Bände, Wien 1721
L. A. Muratori, *Riflessioni sopra il buon gusto*, Colonia 1721
L. C. Sturm, *Vollständige Anweisung aller Arten von bürgerlichen Wohnhäusern wohl anzugeben*, Augsburg 1721
G.-M. Oppenord, *Œuvre, contenant différents fragments d'architecture et d'ornements ...*, Paris, um 1725
G. B. Vico, *Scienza nuova prima*, Neapel 1725
Ch.-A. Coypel, *Discours sur la peinture*, Paris 1726
J. J. Breitinger, *Von dem Einfluss und dem Gebrauch der Vorstellungskraft für die Verbesserung des Geschmacks*, Zürich 1727
J. Mariette, *L'architecture française*, 5 Bände, Paris 1727
J. Marot et Marot fils (D. Marot), *L'architecture française ou recueil des plans ..., des églises, palais, hôtels et maisons particulières de Paris*, Paris 1727 und 1751
Ch.-E. Briseux, *Architecture moderne ou l'art de bien bâtir pour toutes sortes de personnes tant pour les maisons des particulières que pour les Palais*, 2 Bände, Paris 1728
Ch.-A. Jombert, *Architecture moderne, ou l'art de bien bâtir pour toutes sortes de personnes*, Paris 1728 (2 Bände, Paris ²1764)
B. Langley, *New Principles of Gardening*, London 1728
J. J. Schübler, *Weitere Fortsetzung des gründlichen Unterrichts in der vollständigen Civil-Baukunst*, Nürnberg 1728
B. de Montfaucon, *Les Monumens de la Monarchie françoise*, 5 Bände, Paris 1729–33
Burlington (R. Boyle, Earl of), *Fabbriche Antiche Disegnate da Andrea Palladio ...*, London 1730
L. Pascoli, *Vite de'pittori, scultori ed architetti moderni*, 2 Bände, Rom 1730–36
T. Corneille, *Dictionnaire des arts et des sciences*, 2 Bände, Paris ²1731
J. J. Schübler, *Perspectivische Belustigung und neue Versuche von kleinen Lusthäusern wie auch allerhand künstlichen Vogelbauern ...*, Nürnberg 1732
J. H. Zedler, *Grosses vollständiges Universal-Lexikon aller Wissenschaften und Künste*, 64 in 43 Bänden, Halle und Leipzig 1732–50
J. B. Broebes, *Vues des palais et des maisons de plaisance de S. M. Le roy de Prusse*, Augsburg 1733
Voltaire, *Le Temple du Goût*, 1733. Neudruck herausgegeben von E. Carcassonne, Paris 1938
J.-F. Blondel, *De la distribution des maisons de plaisance et de la décoration des édifices en général*, 2 Bände, Paris 1737–38

D. Hume, *A Treatise of Human Nature,* London 1739
T. Temanza, *Zibaldone di memorie storiche appartenenti a professori delle belle arti del disegno,* Venedig 1739
B. de Dominici, *Vite de' pittori, scultori ed architetti napolitani,* 3 Bände, Neapel 1742–43
J.-A. Piganiol de la Force, *Description de Paris, de Versailles et de toutes les autres belles maisons et châteaux des environs de Paris,* 8 Bände, Paris 1742
G. Boffrand, *Description de ce qui a été pratiqué pour fondre en bronze d'un seul jet la figure équestre de Louis XIV élevée par la ville de Paris dans la place de Louis le Grand,* Paris 1743
Ch.-E. Briseux, *L'art de bâtir des maisons de campagne,* 2 Bände, Paris 1743–61
W. Hogarth, *Characters and Caricatures,* London 1743
J. F. Penther, *Ausführliche Anleitung zur bürgerlichen Baukunst,* 4 Bände, Augsburg 1744–48
G. Boffrand, *Livre d'architecture,* Paris 1745
A. J. Dézallier d'Argenville, *Abrégé de la vie des plus fameux peintres,* 3 Bände, Paris 1745–52 (2., erweiterte Auflage, 4 Bände, Paris 1762)
L. C. Sturm, *Kurtze Vorstellung der gantzen Civil-Baukunst,* Augsburg 1745
Ch. Batteux, *Les Beaux-Arts réduits à un même principe,* Paris 1746
De La Font de Saint-Yenne, *Réflexions sur la peinture,* Paris 1746
De La Font de Saint-Yenne, *Réflexions sur quelques causes de l'état présent de la peinture en France,* Den Haag 1747
J.-B. Le Blanc, *Lettre sur l'exposition des ouvrages de peinture, sculpture etc. de l'année 1746,* Paris 1747. Reprint Genf 1970
A. J. Dézallier d'Argenville, *Voyage pittoresque de Paris,* Paris 1749
A. G. Baumgarten, *Aesthetica,* 2 Bände, Frankfurt 1750–58. Reprint Hildesheim 1963
Caylus (A.-C.-Ph. de Tubières, Comte de), *Recueil d'Antiquités Egyptiennes, Grecques, Etrusques et Romaines,* 7 Bände, Paris 1751–57
Ch.-A. Coypel, *Dialogue de Coypel, premier peintre du roi, sur l'exposition des tableaux dans le salon du Louvre en 1747,* Paris 1751
D. Diderot und J. d'Alembert (Hg.), *Encyclopédie ou Dictionnaire raisonné des sciences, des arts et des métiers,* 35 Bände, Paris und Neuchâtel 1751–65
L. Petit de Bachaumont, *Essai sur la peinture, la sculpture et l'architecture,* Paris 1751
J.-F. Blondel, *Architecture françoise, ou recueil des plans ..., des églises, maisons royales et édifices les plus considérables de Paris,* 4 Bände, Paris 1752–56
Ch.-E. Briseux, *Traité du beau essentiel dans les arts,* 2 Bände, Paris 1752–55
Caylus (A.-C.-Ph. de Tubières, Comte de), *Recueil d'Antiquités,* 4 Bände, Paris 1752–67
J. Lacombe, *Dictionnaire portatif des beaux-arts,* Paris 1752 (^{2}1759)
B. Lépicié, *Vies des premiers peintres du roi, depuis M. le Brun jusqu'à présent,* 2 Bände, Paris 1752
G. Boffrand, *Œuvres d'architecture de M. Boffrand architecte ... contenant les principaux bâtiments civils, hydrauliques, et mécaniques ...,* Paris 1753
W. Hogarth, *The Analysis of Beauty,* London 1753. Reprint Hildesheim 1974

M.-A. Laugier, *Essai sur l'architecture*, Paris 1753 (²1755)
P. A. Orlandi, *Abecedario pittorico*, Venedig 1753
J.-F. Blondel, *Discours sur la nécessité de l'étude de l'architecture*, Paris 1754
G. Bottari, *Raccolta di lettere sulla pittura, scultura ed architettura*, 7 Bände, Rom 1754–83 (2. Auflage, ergänzt von S. Ticozzi, 8 Bände, Mailand 1822–25)
Th. Chippendale, *The Gentleman and Cabinet-Maker's Director*, London 1754 (³1762)
Ch.-N. Cochin und J. Bellicard, *Observations sur les antiquités de la ville d'Herculaneum avec quelques réflexions sur la peinture et la sculpture des anciens*, Paris 1754
E. B. de Condillac, *Traité des sensations*, London und Paris 1754
Caylus (A.-C.-Ph. de Tubières, Comte de), *Nouveaux sujets de peinture et de sculpture*, Paris 1755
Caylus (A.-C.-Ph. de Tubières, Comte de) und M. Majault, *Mémoire sur la peinture à l'encaustique et sur la peinture à la cire*, Genf 1755. Reprint Genf 1972
G. A. Méhégan, *Considérations sur les révolutions des arts*, Paris 1755
F. de Cuvilliés, *Ecole de l'architecture bavaroise*, herausgegeben von F. de Cuvilliés d. J., 24 Folgen, München und Paris 1756–76
E. Héré, *Recueil des plans, élévations et coupes tant géometrale à qu'en perspective des châteaux, jardins et dépendances que le roi de Pologne occupe en Lorraine*, 2 Bände, Paris 1756
I. Ware, *A Complete Body of Architecture*, London 1756
E. A. Burke, *A Philosophical Enquiery into the Origin of our Ideas of the Sublime and Beautiful*, London 1757
Caylus (A.-C.-Ph. de Tubières, Comte de), *Correspondance inédite du Comte de Caylus avec le Père Paciaudi, Theatin (1757–1765) suivie de celles de l'Abbé Barthélemy et de Père Mariette avec le même*, herausgegeben von Ch. Nisard, 2 Bände, Paris 1877
Caylus (A.-C.-Ph. de Tubières, Comte de), *Tableaux tirés de l'Illiade, de l'Odyssée d'Homère et de l'Eneide de Virgile avec observations générales sur le costume*, Paris 1757
Ch.-N. Cochin, *Recueil de quelques pièces concernant les arts*, Paris 1757
D. Hume, *Of the Standard of Taste*, London 1757
De La Font de Saint-Yenne, *Sentiments sur quelques ouvrages de peinture, sculpture et gravure*, Paris 1757
Le pitture antiche d'Ercolano e contorni incise con qualche spiegazione, 5 Bände, Neapel 1757–79
Ch.-N. Cochin, *Voyage d'Italie*, 3 Bände, Paris 1758. Neudruck Genf 1972
P. L. P. de la Guêpière, *Recueil d'architecture*, Paris 1758
J. F. de Neufforge, *Recueil élémentaire d'architecture*, Paris 1758
W. Chambers, *A Treatise on Civil Architecture . . .*, London 1759
E. Young, *Conjectures on Original Composition*, London 1759 (herausgegeben von E. J. Morley, Manchester 1918)
C. H. Watelet, *L'Art de Peindre, poème avec des réflexions sur les différentes parties de la peinture*, Paris 1760

Ch.-A. Guillaumot, *Dissertation sur l'architecture française*, Den Haag 1762
A. R. Mengs, *Gedanken über die Schönheit und den Geschmack in der Mahlerey*, Zürich 1762
H. Walpole, *Anecdotes of Painting in England; with Some Account of the Principal Artists; and Incidental Notes on Other Arts*, 4 Bände, Strawberry Hill 1762–71
Ch.-N. Cochin, *Les misotechnites aux enfers, ou examen des observations sur les arts*, Amsterdam 1763. Reprint Genf 1970
F. Titi, *Descrizione delle pitture, sculture e architetture esposte al pubblico in Roma*, Rom 1763
P. J. Grosley, *Nouveaux mémoires, ou observations sur l'Italie et sur les Italiens par deux gentilhommes suédois. Traduit du suédois*, 3 Bände, London 1764
M. Dandré Bardon, *Traité du beau essentiel dans les arts*, 2 Bände, Paris 1765
Ch.-N. Cochin, *Projet de Salle de Spectacle*, Paris 1765
M.-A. Laugier, *Observations sur l'architecture*, Den Haag und Paris 1765 (Dazu: Ch.-A. Guillaumot, *Remarques sur un livre intitulé: Observations sur l'architecture de M. l'abbé Laugier*, Paris 1768)
P. Patte, *Monuments érigés en France à la gloire de Louis XV*, Paris 1765
M. J. Peyre, *Œuvres d'architecture*, Paris 1765
G. Frisi, *Saggio sopra l'architettura gotica*, Livorno 1766
P. F. Basan, *Dictionnaire des graveurs anciens et modernes*, Paris 1767
K. H. von Heinecken, *Nachrichten von Künstlern und Kunstsachen*, 2 Bände, Leipzig 1768–69
H. Walpole, *Essai sur l'art des jardins modernes, traduit en français (le texte anglais à côté) par le duc Nivernois*, Strawberry Hill 1768
P. Patte, *Mémoires sur les objets les plus importants de l'architecture*, Paris 1769
J. Reynolds, *Discourses delivered at Royal Academy*, London 1769–71, 1797
E. Boullée, *Essai sur l'art. Traité d'architecture 1770–1784*, herausgegeben von H. Rosenau, London 1954
Ch.-F. Roland Le Virloys, *Dictionnaire d'architecture civile*, 3 Bände, Paris 1770–71
M. Pilkington, *The Gentleman's and Connoisseur's Dictionary of Painters from the Year 1250 to the Year 1767*, London 1770
J.-F. Blondel, *Cours d'architecture …*, 9 Bände, Paris 1771–77
M.-A. Laugier, *Manière de bien juger des ouvrages de Peinture par feu M. abbé Laugier*, Paris 1771
J. G. Sulzer, *Allgemeine Theorie der Schönen Künste*, 2 Bände, Leipzig und Berlin 1771–74. Reprint Hildesheim 1967–70
A. M. Zanetti, *Della Pittura Veneziana*, Venedig 1771
W. Chambers, *A Dissertation on Oriental Gardening*, London 1772
P. G. Bergeret de Grancourt, *Bergeret et Fragonard, Journal inédit d'un voyage en Italie 1773–74*, herausgegeben von M. A. Tornézy, Poitiers 1895
C. C. L. Hirschfeld, *Theorie der Gartenkunst*, 5 Bände, Leipzig 1775–85
G. L. Le Rouge, *Détails des nouveaux jardins à la mode*, 19 Bände, Paris 1776–87
J. M. Morel, *Théorie des jardins*, Paris 1776
A. Cozens, *Principles of Beauty Relative to the Human Head*, London 1778

Ch.-N. Cochin, *Essai sur la vie de Chardin* (1780). In: Ch. de Beaurepaire, *Précis analytique des travaux de l'Académie des Sciences, Belles-Lettres et Arts de Rouen* XXVIII (1875–76), S. 417–441
J.-C.-R. de St.-Non, *Voyage pittoresque, ou déscription du royaume de Naples et de Sicile*, 5 Bände, Paris 1781–86
H. Walpole, *Essay on Modern Gardening*, Strawberry Hill 1785
A. J. Dézallier d'Argenville, *Vies des fameux architectes et sculpteurs, depuis la Renaissance des arts*, 2 Bände, Paris 1787
G. de Lairesse, *Le Grand Livre des Peintres*, Paris 1787. Reprint Genf 1972
Ch.-N. Cochin, *Iconologie ou Traité de la science des allégories, à l'usage des artistes, en 350 figures, gravées d'après les dessins de MM. Gravelot et Cochin, avec les explications relatives à chaque sujet*, Paris 1791. Reprint Genf 1972
G. Lami, *Dissertazione aggiunta al trattato di Leonardo da Vinci*, Florenz 1792
D. Diderot, *Essai sur la peinture*, Paris 1796
F. Milizia, *Dizionario delle belle arti del disegno*, 2 Bände, Bassano 1797
J. A. Ceán Bermúdez, *Diccionario histórico de los más ilustres profesores de las bellas artes en España*, 6 Bände, Madrid 1800
J. C. Krafft und N. Ransonnette, *Plans, coupes et élévations des plus belles maisons et des hôtels construits à Paris et dans les environs (1771–1802)*, Paris 1800–02
J. C. Krafft, *Recueil d'architecture civile contenant les plans, coupes et élévations des châteaux, maisons de campagne …*, Paris 1806–07
J. Guiffrey, *Collection des Livrets des anciens expositions depuis 1673 jusqu'en 1800*, 5 Bände, Paris 1869–72
D. Diderot, *Œuvres complètes*, herausgegeben von J. Assézat und M. Tourneux, 20 Bände, Paris 1875–77
Correspondance de M. de Marigny avec Coypel, Lépicié et Cochin. In: *Nouvelles Archives de l'Art Français*, Bände XIX und XX, Paris 1904–05
Caylus (A.-C.-Ph. de Tubières, Comte de), *Vies d'artistes du XVIIIe siècle. Discours sur la peinture et la sculpture*, herausgegeben von A. Fontaine, Paris 1910
Conférences inédites de l'Académie Royale de Peinture et de Sculpture, herausgegeben von A. Fontaine, Paris o. J. (1910)
E.-M. Falconet, *Correspondance avec Catherine II* (1767–1778), herausgegeben von L. Réau, Paris 1921

2. *Kunst- und kulturgeschichtliche Literatur zum Rokoko vor 1945*

L. Dussieux, *Les artistes français à l'étranger*, Paris 1852
G. Semper, *Der Stil in den technischen und tektonischen Künsten*, 2 Bände, München 1860–63
H. Destailleur, *Notices sur quelques artistes français, architectes, dessinateurs, graveurs*, Paris 1863
H. Destailleur, *Recueil d'estampes à l'ornementation des appartements aux XVIe, XVIIe et XVIIIe siècles*, 2 Bände, Paris 1863–71
E. und J. de Goncourt, *L'art du XVIIIe siècle*, 2 Bände, Paris 1873–74

D. Guilmard, *Les maîtres ornemanistes,* Paris 1881
R. Dohme, *Barock- und Rokokoarchitektur,* 3 Bände, Berlin 1884–92
R. Schumann, *Barock und Rokoko,* Leipzig 1885
A. Springer, *Der Rokokostil,* Bonn 1886
C. Gurlitt, *Geschichte des Barockstiles, des Rococo und des Klassicismus in Italien, Belgien, Holland, Frankreich, England, Deutschland,* 3 Bände, Stuttgart 1887–89
E. und J. de Goncourt, *Madame de Pompadour,* Paris 1888
C. Gurlitt, *Das Ornament des Rokoko,* Esslingen 1894
A. Schmarsow, *Barock und Rokoko,* Leipzig 1897
E. Molinier, *Le mobilier au XVIIe et au XVIIIe siècle,* Paris 1898
E. F. Strong (Lady Dilke), *French Painters of the 18th Century,* London 1899
G. Dehio, *Die Kunst des 17. und 18. Jahrhunderts,* Leipzig 1900
E. F. Strong (Lady Dilke), *French Architects and Sculptors of the 18th Century,* London 1900
E. F. Strong (Lady Dilke), *French Furniture and Decoration of the 18th Century,* London 1901
R. Graul, *Das 18. Jahrhundert. Dekoration und Mobiliar,* Berlin 1905
P. Marcel, *La peinture en France au début du XVIIIe siècle,* Paris 1906
W. Lübke, *Die Kunst der Barockzeit und des Rokoko,* herausgegeben von M. Semrau, Stuttgart [13]1907
K. Cassirer, *Die ästhetischen Hauptbegriffe der französischen Theoretiker von 1650–1780,* Berlin 1909
A. Fontaine, *Les doctrines d'art en France,* Paris 1909
S. Lami, *Dictionnaire des sculpteurs de l'école française au XVIIIe siècle,* 2 Bände, Paris 1910–11
W. Hausenstein, *Rokoko. Französische und deutsche Illustratoren des 18. Jahrhunderts,* München 1912
W. Pinder, *Deutscher Barock,* Königstein und Leipzig 1912
C. Ricci, *Baukunst und dekorative Skulptur der Barockzeit in Italien,* Stuttgart 1912
H. Vial, A. Marcel und A. Girodie, *Les artistes décorateurs de bois. Répertoire alphabétique des ébénistes, menuisiers, sculpteurs, doreurs etc ... ayant travaillé en France aux XVIIe et XVIIIe siècles,* 2 Bände, Paris 1912–21
H. Clouzot, *L'ameublement français sous Louis XV,* Paris 1913
H. Popp, *Die Architektur der Barock- und Rokokozeit in Deutschland und in der Schweiz,* Stuttgart 1913
G. Biermann, *Deutscher Barock und Rokoko,* Leipzig 1914
A. E. Brinckmann, *Stadtbaukunst des 18. Jahrhunderts,* Berlin 1914
F. Lenygon, *Furniture in England 1660–1760,* London und New York 1914
A. E. Brinckmann, *Die Baukunst des 17. und 18. Jahrhunderts in den romanischen Ländern,* Potsdam 1915
M. Wackernagel, *Die Baukunst des 17. und 18. Jahrhunderts in den germanischen Ländern,* Potsdam 1915
R. Sedlmaier, *Grundlagen der Rokoko-Ornamentik,* Straßburg 1917
M. Dvořák, *Die Entwicklung der barocken Deckenmalerei in Wien,* Wien 1920

P. Jessen, *Der Ornamentstich,* Berlin 1920
M. Hauttmann, *Geschichte der kirchlichen Baukunst in Bayern, Schwaben und Franken 1550–1780,* München 1921
H. Clouzot, *Les meubles du XVIIIe siècle,* Paris 1922
R. de Félice, *Le meuble français sous Louis XIV et la Régence,* Paris 1922
S. Giedion, *Spätbarock und romantischer Klassizismus,* München 1922
H. Rose, *Spätbarock,* München 1922
H. Schmitz, *Kunst und Kultur des 18. Jahrhunderts in Deutschland,* München 1922
A. E. Brinckmann, *Barock-Bozzetti,* 4 Bände, Frankfurt a. M. und Berlin 1923–24
A. Feulner, *Bayerisches Rokoko,* München 1923
A. Michel, *Histoire de l'art.* Band 7: *L'art en Europe au XVIIIe siècle,* 2 Bände, Paris 1923–24
F. de Salverte, *Les ébénistes du XVIIIe siècle,* Paris 1923 ([4]1953)
H. Schmitz, *Deutsche Möbel des Barock und Rokoko,* Stuttgart 1923
E. Hildebrandt, *Die Malerei und Plastik des 18. Jahrhunderts in Frankreich,* Wildpark-Potsdam 1924
H. Popp, *Die Architektur der Barock- und Rokokozeit in Deutschland und in der Schweiz,* Stuttgart 1924
L. Réau, *L'histoire de l'expansion de l'art français,* 4 Bände, Paris 1924–33
R. Berliner, *Ornamentale Vorlageblätter,* 2 Bände, Leipzig 1925–26. Neuausgabe: R. Berliner und G. Egger, *Ornamentale Vorlageblätter des 15. bis 19. Jahrhunderts,* 3 Bände, München 1981
L. Réau, *Histoire de la peinture française au XVIIIe siècle,* 2 Bände, Paris 1925–26
R. Schneider, *L'art français au XVIIIe siècle,* Paris 1926
A. Feulner, *Kunstgeschichte des Möbels,* Berlin 1927
M. Furcy-Raynaud, *Les sculptures exécutées au XVIIIe siècle pour la direction des bâtiments du Roi,* Paris 1927
F. Lenygon, *Decoration in England 1640–1760,* London 1927
G. Morazzoni, *Mobili veneziani del '700,* Mailand und Rom 1927
P. Ratouis de Limay und E. Dacier, *Pastels du XVIIe et XVIIIe siècle,* Paris 1927
G. Damerini, *I pittori veneziani del Settecento,* Bologna 1928
L. Dimier, *Les peintres français du XVIIIe siècle,* 2 Bände, Paris und Brüssel 1928–30
W. Drost, *Barockmalerei in den germanischen Ländern,* Wildpark-Potsdam 1928
G. Mourey, *La peinture anglaise du XVIIIe siècle,* Paris 1928
N. Pevsner, *Die italienische Malerei vom Ende der Renaissance bis zum ausgehenden Rokoko,* Wildpark-Potsdam 1928
N. Pevsner und O. Grautoff, *Barockmalerei in den romanischen Ländern,* Potsdam 1928
G. Fiocco, *La pittura veneziana del Sei- e Settecento,* Verona 1929
E. Kurzweg, *Überblick über die Entwicklung der französischen Landschaftsmalerei im 18. Jahrhundert,* Berlin 1929
G. Natali, *Settecento,* 2 Bände, Mailand 1929
M. Osborn, *Die Kunst des Rokoko,* Berlin 1929

M. J. Ballot, *Le décor intérieur au XVIIIe siècle à Paris et dans l'Ile-de-France. Boiseries sculptées et panneaux peints,* Paris 1930
P. du Colombier, *L'art français dans les cours rhénanes,* Paris 1930
G. Dehio, *Geschichte der deutschen Kunst,* Band 3, Berlin und Leipzig 1930
G. Delogu, *Pittori veneti minori del Settecento,* Venedig 1930
M. Eisenstadt, *Watteaus Fêtes galantes und ihre Ursprünge,* Berlin 1930
C. de Peloux, *Répertoire biographique et bibliographique des artistes du XVIIIe siècle français,* 2 Bände, Paris 1930–41
M. Roux, *Graveurs du XVIIIe siècle,* Band 1–8, Paris 1930–55
F. de Salverte, *Le meuble français d'après les ornemanistes 1660–1789,* Paris 1930
H. Sedlmayr, *Österreichische Barockarchitektur 1640–1740,* Wien 1930
A. Calabi, *L'incisione italiana del '700,* Mailand 1931
K. Lohmeyer, *Die Baumeister des rheinisch-fränkischen Barock,* Wien und Augsburg 1931
V. Moschini, *La pittura italiana del Settecento,* Florenz 1931
L. Réau, G. Lundberg und R. A. Weigert, *L'art français dans les pays du nord et de l'est de l'Europe, XVIIIe–XIXe siècles,* Paris 1931–32
A. E. Richardson, *Georgian England 1700–1820,* London 1931
J. Vacquier und P. Yarry, *Les vieux hôtels de Paris,* 22 Teile, Paris 1931–34
A. E. Brinckmann, *Von Guarino Guarini bis Balthasar Neumann,* Berlin 1932
F. H. Hofmann, *Das Porzellan der europäischen Manufakturen im 18. Jahrhundert,* Berlin 1932
M. Lanckoronska und R. Oehler, *Die Buchillustration des 18. Jahrhunderts in Deutschland, Österreich und der Schweiz,* 3 Bände, Leipzig 1932–34
E. Michalski, *Die Bedeutung der ästhetischen Grenze für die Methode der Kunstgeschichte,* Berlin 1932
S. Rocheblave, *L'âge classique de l'art français,* Paris 1932
G. Delogu, *La scultura italiana del Sei- e Settecento,* 2 Bände, Florenz 1933
G. M. Ellwood, *English Furniture and Decoration 1600–1800,* London ^{4}1933
W. Pinder, *Deutsche Barockplastik,* Königstein 1933
A. Leroy, *Histoire de la peinture française au XVIIIe siècle,* Paris 1934
P. de Nolhac, *Peintres français en Italie,* Paris 1934
A. Thenuissen, *Meubles et sièges du XVIIIe siècle. Menuisiers, ébénistes, marques, plans et ornementation de leurs œuvres,* Paris 1934
G. Adriani, *Die Klosterbibliotheken des Spätbarock in Österreich und Süddeutschland,* Graz/Leipzig/Wien 1935
G. Delogu, *L'architettura italiana del Sei- e Settecento,* 2 Bände, Florenz 1935
M. Goering, *Italienische Malerei des 17. und 18. Jahrhunderts,* Berlin 1936
H. Keller, *Das Treppenhaus im deutschen Schloß- und Klosterbau des Barock,* München 1936
B. S. Allen, *Tides in English Taste 1619–1800,* 2 Bände, Cambridge (Mass.) 1937
G. Lorenzetti, *Le feste e le maschere veneziane,* Venedig 1937
S. Rocheblave, *La peinture française au XVIIIe siècle,* Paris 1937
L. Benoist u. a., *Les peintres de fêtes galantes, le portrait et le paysage,* Paris 1938
T. Borenius, *English Painting in the 18th Century,* London 1938
T. H. Fokker, *Roman Baroque Art. The History of a Style,* 2 Bände, London 1938

E. W. Grashoff, *Raumprobleme des protestantischen Kirchenbaues im 17. und 18. Jahrhundert*, Berlin 1938
I. Hoffmann, *Der süddeutsche Kirchenbau am Ausgang des Barock*, München 1938
W. Pinder, *Deutscher Barock. Die großen Baumeister des 18. Jahrhunderts*, Düsseldorf 1938
G. Wildenstein, *La peinture française au XVIIIe siècle*, Paris 1938
R. Zürcher, *Der Anteil der Nachbarländer an der Entwicklung der deutschen Baukunst im Zeitalter des Spätbarocks*, Basel 1938
L. Hourticq, *La peinture française en XVIIIe siècle*, Paris 1939
H. Tintelnot, *Barocktheater und barocke Kunst*, Berlin 1939
A. Tschira, *Orangerien und Gewächshäuser. Ihre geschichtliche Entwicklung in Deutschland*, Berlin 1939
A. E. Brinckmann, *Die Kunst des Rokoko*, Berlin 1940
M. Goering, *Deutsche Malerei des 17. und 18. Jahrhunderts*, Berlin 1940
V. Wagner, *Barock v Čechách*, Prag 1940
B. G. Wennberg, *Svenska målare i Danmark under 1700-talet*, Lund 1940
N. Lieb, *Münchener Barockbaumeister. Leben und Schaffen in Stadt und Land*, München 1941
R. Pallucchini, *Gli incisori veneti del Settecento*, Venedig 1941
W. Hager, *Die Bauten des deutschen Barock 1690–1770*, Jena 1942
G. Lorenzetti, *La pittura italiana del Settecento*, Novara 1942
A. C. Ritchie, *English Painters. Hogarth to Constable*, Baltimore (O.) 1942
P. Verlet, *Le Style Louis XV*, Paris 1942
J. Brandis, *Die Genesis des süddeutschen Muschelwerks*, Frankfurt a. M. 1943
E. de Ganay, *Les jardins à la française en France au XVIIIe siècle*, Paris 1943
F. Kimball, *The Creation of the Rococo*, Philadelphia (Pa.) 1943. Neuausgabe: *The Creation of the Rococo Decorative Style*, New York 1980
E. Gradmann und A. M. Cetto, *Schweizer Malerei und Zeichnung im 17. und 18. Jahrhundert*, Basel 1944
B. Grimschitz, *Wiener Barockpaläste*, Wien 1944
A. Mauban, *L'architecture française de Jean Mariette*, Paris 1945
P. Verlet, *Le mobilier royale français. Meubles de la couronne conservés en France*, 2 Bände, Paris 1945–56

3. Neuere Literatur zum Rokoko

O. J. Blažíček, *Pražská plastika raného rokoka*, Prag 1946
P. Ratouis de Limay, *Le pastel en France au XVIIIe siècle*, Paris 1946
L. Réau, *Le rayonnement de Paris au XVIIIe siècle*, Paris 1946
G. Delogu, *Disegni veneziani del Settecento*, Mailand 1947
M. Boissais und J. Deleplanque, *Le livre à gravures au XVIIIe siècle*, Paris 1948
P. Florisoone, *La peinture française: le XVIIIe siècle*, Paris 1948
E. de Ganay, *Châteaux de France*, 4 Bände, Paris 1948–53
G. F. Hartlaub, *Die großen englischen Maler der Blütezeit 1730–1840*, München 1948

H. Landolt und Th. Seeger, *Schweizer Barockkirchen,* Frauenfeld 1948
L. Birchler, *Kunst des Barock in der Schweiz,* Genf 1949
E. de Ganay, *Les jardins de France et leur décor,* Paris 1949
F. Kimball, *Le style Louis XV. Origine et évolution du Rococo,* Paris 1949
A. Marie, *Jardins français classiques des XVIIe et XVIIIe siècles,* Paris 1949
D. Sutton, *French Drawings of the 18th Century,* New York 1949
V. Golzio, *Il seicento e il settecento,* Turin 1950
P. Guinard und J. Baticle, *Histoire de la peinture espagnole du XIIe au XIXe siècle,* Paris 1950
L. Hautecoeur, *Histoire de l'architecture classique en France.* Band 3: *Première moitié du XVIIIe siècle. Le style Louis XV,* Paris 1950
M. Jourdain, *English Interior Decoration 1500 to 1830,* London 1950
M. Lanckoronska, *Die venetianische Buchgraphik des 18. Jahrhunderts,* Hamburg 1950
M. Pittaluga, *Acquafortisti veneziani del Settecento,* Florenz 1950
O. Siren, *China and Gardens of Europe in the 18th Century,* New York 1950
T. A. Strange, *English Furniture, Decoration, Woodwork and Allied Arts. From the Last Half of the 17th Century to the Early Part of the 19th Century,* New York 1950
V. Ziino, *Contributi allo studio dell' architettura del '700 in Sicilia,* Palermo 1950
P. Hofer, *Baroque Book Illustration,* Harvard (Mass.) 1951
P. Kelemen, *Baroque and Rococo in Latin America,* New York 1951
R. Pallucchini, *La pittura veneziana del '700,* 2 Bände, Bologna 1951–52
L. Réau, *L'art au XVIIIe siècle en France. Style Louis XVI. 1760–1789,* Paris 1951
H. Tintelnot, *Die barocke Freskomalerei in Deutschland,* München 1951
T. Aldrian, *Bemalte Wandbespannungen des 18. Jahrhunderts,* Graz 1952
E. Dacier, *L'art au XVIIIe siècle. Régence. Louis XV,* Paris 1952
J. L. Dixon, *English Porcelain of the Eighteenth Century,* London 1952
J. Fabre, *Stanislas Auguste Poniatowski et l'Europe des Lumières,* Paris 1952
F. Fosca, *Le XVIIIe siècle (de Watteau à Tiepolo),* Genf 1952
Goldschmiedekunst des 18. Jahrhunderts in Augsburg und München, Ausstellungskatalog, Augsburg und München 1952
L. Hautecoeur, *Histoire de l'architecture classique en France.* Band 4: *Seconde moitié du XVIIIe siècle. Le style Louis XVI. 1750–1792,* Paris 1952
P. Jaccoltet, *Le dessin français au XVIIIe siècle,* Lausanne 1952
L. Réau, *L'art du XVIIIe siècle. Epoque Louis XVI,* Paris 1952
W. J. Rust, *Nederlands porcelain,* Amsterdam 1952
A. Ayscough, *Country House Baroque,* London 1953
R. Bacchelli und R. Longhi, *Teatro e immagini del '700 italiano,* Turin 1953
A. M. Brizio, *L'architettura barocca in Piemonte,* Turin 1953
G. Delogu, *L'architettura italiana nel seicento e nel settecento,* Florenz 1953
H. Geiger, *Perspektivprobleme süddeutscher Deckenmalerei des Spätbarock,* Diss., Freiburg i. Br. 1953
H. Kreisel, *Deutsche Spiegelkabinette,* Darmstadt 1953
N. Lieb, *Barockkirchen zwischen Donau und Alpen,* München 1953 (^{2}1958)

R. Longhi u. a. (Hg.), *I pittori della realtà in Lombardia,* Ausstellungskatalog, Mailand 1953
W. Mrazek, *Ikonologie der barocken Deckenmalerei,* Wien 1953
J. Summerson, *Architecture in Britain 1530–1830,* Harmondsworth 1953 ([4]1963)
E. K. Waterhouse, *Painting in Britain 1530–1790,* Harmondsworth 1953 ([2]1962)
M. D. Whinney und O. Millar, *English Art 1625–1851,* London 1953
M. Colvin, *A Biographical Dictionary of English Architects, 1660–1840,* London 1954
P. Du Colombier, *L'architecture française en Allemagne au XVIIIe siècle,* 2 Bände, Paris 1954–56
G. H. Hamilton, *The Art and Architecture of Russia,* Harmondsworth 1954
E. Herget, *Die sala terrena im deutschen Barock unter besonderer Berücksichtigung ihrer Entwicklung aus der abendländischen Grottenarchitektur,* Diss., Frankfurt a. M. 1954
E. Redslob, *Barock und Rokoko in den Schlössern von Berlin und Potsdam,* Berlin 1954
Rococo Art from Bavaria, Ausstellungskatalog, 2 Bände, London 1954–56
F. Valcanover, *Mostra di pitture del settecento nel Bellunese,* Ausstellungskatalog, Venedig 1954
K. Garas, *Magyarországi festészet a XVIII. században (Ungarische Malerei im 18. Jahrundert),* Budapest 1955
Grands ébénistes et menuisiers parisiens du XVIIIe siècle (1740–1790), Ausstellungskatalog, Paris 1955
C. Hussey, *English Country Houses,* 3 Bände, London 1955–58
E. Kaufmann, *Architecture in the Age of Reason. Baroque and Post-Baroque in England, Italy and France,* Cambridge (Mass.) 1955
H. Kohlhausen, *Geschichte des deutschen Kunstgewerbes,* München 1955
J. Nicolay, *L'art et la manière des maîtres ébénistes français au XVIIIe siècle,* 2 Bände, Paris 1955–56
P. Verlet, *Les meubles du XVIIIe siècle,* 2 Bände, Paris 1955
N. di Carpegna (Hg.), *Paesisti e vedutisti a Roma nel '600 e '700,* Ausstellungskatalog, Rom 1956
S. Ducret, *Unbekannte Porzellane des 18. Jahrhunderts,* Frankfurt a. M. 1956
D. Gioseffi, *Pittura veneziana del Settecento,* Bergamo 1956
W. Hausenstein, *Vom Genie des Barock,* München 1956
K. Hüseler, *Deutsche Fayencen,* 3 Bände, Stuttgart 1956–58
H. Kreisel, *Fränkische Rokokomöbel,* Darmstadt 1956
P. Lavedan, *French architecture,* Harmondsworth 1956
A. Pigler, *Barockthemen,* 2 Bände, Budapest 1956
S. Roche, *Miroirs, galeries et cabinets de glaces,* Paris 1956
F. J. Sánchez Cantón, *Opusculos gallegos sobre bellas artes, siglos XVII y XVIII,* Santiago de Compostela 1956
R. Stamm (Hg.), *Die Kunstformen des Barockzeitalters,* Bern 1956
P. Verlet, *Les meubles français du XVIIIe siècle,* 2 Bände, Paris 1956

R. A. Weigert, *La tapisserie française*, Paris 1956
A. Blunt und E. Croft-Murray, *Venetian Drawings of the 17th and 18th Centuries at Windsor Castle*, London 1957
R. Causa, *Pittura napoletana dal XV al XIX secolo*, Bergamo 1957
G. Chierici, *Il palazzo italiano dal secolo XVII al XIX*, Mailand 1957
D. Diderot, *Salons*, herausgegeben von J. Seznec und J. Adhémar, 4 Bände, Oxford 1957–67
D. Donzelli, *I pittori veneti del Settecento*, Florenz 1957
W. Holzhausen, *Kurkölnische Hofmaler des 18. Jahrhunderts*, Köln 1957
G. Kubler, *Arquitectura de los siglos XVII y XVIII*, Madrid 1957
H. Müller, *Natur-Illusion in der Innenraumkunst des späteren 18. Jahrhunderts*, Göttingen 1957
V.-L. Tapié, *Baroque et classicisme*, Paris 1957
M. Whinney und O. Millar, *English Art 1625–1714*, Oxford 1957
F. Adama van Scheltema, *Die Kunst des Barock*, Stuttgart 1958
O. J. Blažíček, *Sochařství Baroku v Čechách. Plastika 17. a 18. věku*, Prag 1958
N. di Carpegna (Hg.), *Pittori napoletani del '600 e del '700*, Ausstellungskatalog, Rom 1958
B. A. Douroff, *Etains français des XVIIe et XVIIIe siècles*, Paris 1958
Europäisches Rokoko. Kunst und Kultur des 18. Jahrhunderts, Europarat-Ausstellungskatalog, München 1958
I. Faldi, *La scultura barocca in Italia*, Mailand 1958
W. Fleischhauer, *Barock im Herzogtum Württemberg*, Stuttgart 1958
G. Grundmann, *Schlesische Barockkirchen und Klöster*, Konstanz 1958
F. Minissi, *Aspetti dell' architettura religiosa del settecento in Sicilia*, Rom 1958
P. Verlet, *L'art du meuble à Paris au XVIIIe siècle*, Paris 1958
R. Wittkower, *Art and Architecture in Italy 1600–1750*, Harmondsworth 1958
R. Alewyn und K. Sälzle, *Das große Welttheater. Die Epoche der höfischen Feste in Dokument und Deutung*, Hamburg 1959
Ausklang des Barock, Ausstellungskatalog, Heidelberg 1959
S. Brault und Y. Bottineau, *L'orfèvrerie française du XVIIIe siècle*, Paris 1959
G. Kubler und M. Soria, *Art and Architecture in Spain and Portugal and their American Dominions 1500–1800*, Harmondsworth 1959
M. Levey, *Painting in 18th Century Venice*, London 1959
A. Morassi, *Über venezianische Zeichnungskunst des 18. Jahrhunderts*, Köln 1959
R. Pane, *Ville Vesuviane del Settecento*, Neapel 1959
G. Poensgen, *Ausklang des Barock. Kunst und Künstler des 18. Jahrhunderts in der Pfalz*, Heidelberg 1959
N. Powell, *From Baroque to Rococo. An Introduction to Austrian and German Architecture from 1580 to 1790*, London 1959
B. Rupprecht, *Die bayerische Rokoko-Kirche*, Kallmünz 1959
A. Schönberger und H. Soehner, *Die Welt des Rokoko. Kunst und Kultur des 18. Jahrhunderts*, München 1959
Il Settecento a Roma, Rom ²1959
V. V. Štech, *Die Barockskulptur in Böhmen*, Prag 1959
G. C. Argan, *L'architettura barocca in Italia*, Rom 1960

G. Barthel, *Barockkirchen in Altbayern und Schwaben*, München ^{4}1960

L. Döry, *Katalog der Ornamentstichsammlung*, Museum für Kunst und Gewerbe Hamburg, Hamburg 1960

P. Du Colombier, *Le château en France. Son histoire, sa vie, ses habitants*, Paris 1960

D. Formaggio, *Il barocco in Italia*, Mailand 1960

B. Grimschitz, R. Feuchtmüller und W. Mrazek, *Barock in Österreich*, Wien 1960

P. Lavedan, *Les villes françaises*, Paris 1960

J. Lees-Milne, *Baroque in Spain and Portugal and its Antecedents*, London 1960

G. Morazzoni und S. Levy, *Le porcellane italiane*, 2 Bände, Mailand 1960

R. Pallucchini, *La pittura veneziana del Settecento*, Rom und Venedig 1960

A. Angyal, *Die slawische Barockwelt*, Leipzig 1961

I. Dennerlein, *Die Gartenkunst der Régence und des Rokoko in Frankreich*, München 1961

F. Fosca, *De Watteau à Tiepolo*, Genf 1961

K. Gerstenberg und E. M. Wagner, *Baukunst des Barock in Europa*, Frankfurt a. M. ^{3}1961

M. del S. González de Arribas und F. Arribas Arránz, *Noticias y documentos para la historia del arte en España durante el siglo XVIII*, Valladolid 1961

H. Honour, *Chinoiserie*, London 1961

E. Hubala und C. Salm, *Barockmaler in Böhmen*, Ausstellungskatalog, Köln 1961

Kurfürst Clemens August. Landesherr und Mäzen des 18. Jahrhunderts, Ausstellungskatalog, Köln 1961

A. Lane, *English Porcelain Figures of the 18th Century*, London 1961

H. A. Millon, *Baroque and Rococo Architecture*, London 1961

R. Pallucchini, *Die venezianische Malerei des 18. Jahrhunderts*, München 1961

V.-L. Tapié, *Le baroque*, Paris 1961

E. Baccheschi und S. Levy, *Il mobile veneziane del settecento*, 2 Bände, Mailand 1962–66

E. Bassi, *Architettura del sei- e settecento a Venezia*, Neapel 1962

H. Bauer, *Rocaille. Zur Herkunft und zum Wesen eines Ornament-Motivs*, Berlin 1962

N. J. Birjukova, *Französische Porzellanplastik im 18. Jahrhundert*, Leningrad 1962 (russisch)

Y. Bottineau, *L'art du cour dans L'Espagne de Philippe V. 1700–1746*, Bordeaux 1962

J. Bourke, *Baroque Churches of Central Europe*, London ^{2}1962

A. de Carvalho, *D. João V e la arte do seu tempo*, 2 Bände, Mafra 1962

C. Connolly und J. Zerbe, *›Les Pavillons‹. French Pavilions of the 18th Century*, London und New York 1962

E. Croft-Murray, *Decorative Painting in England 1537–1837*, 2 Bände, London 1962

H. G. Franz, *Bauten und Baumeister der Barockzeit in Böhmen. Entstehung und Ausstrahlungen der böhmischen Barockbaukunst*, Leipzig 1962

F. Gebelin, *Les châteaux de France,* Paris 1962
D. Hennebo und A. Hoffmann, *Geschichte der deutschen Gartenkunst,* 3 Bände, Hamburg 1962–65
W. Herrmann, *Laugier and Eighteenth Century French Theory,* London 1962
S. Levy, *Maioliche settecentesche,* 2 Bände, Mailand 1962–64
Manierismo, Barocco, Rococò. Concetti e termini, Convegno internazionale, 1960, Rom 1962
E. Pognon und Y. Bruand, *Graveurs du XVIIIe siècle,* Band 9, Paris 1962
E. K. Waterhouse, *Italian Baroque Painting,* London 1962
Actes des journées internationales d'étude du baroque, 3 Bände, Montauban 1963–69
J. Adhémar, *La gravure originale au XVIIIe siècle,* Paris 1963
M. von Boehn, *Die Mode. Menschen und Moden im 18. Jahrhundert,* München 1963
V. Branca, *Barocco europeo e barocco veneziano,* Florenz 1963
B. F. L. Clarke, *The Building of the Eighteenth Century Church,* London 1963
M. Faré, *La nature morte en France. Son histoire et son évolution du 17e au 20e siècle,* 2 Bände, Genf 1963
F. Haskell, *Patrons and Painters. A Study in the Relations between Italian Art and Society in the Age of the Baroque,* London 1963
G. L. Marini, *L'architettura barocca in Piemonte,* Turin 1963
D. Nickerson, *Englische Möbel des 18. Jahrhunderts,* Frankfurt a. M. 1963
A. Schönberger, *Deutsche Plastik des Barock,* Königstein i. T. 1963
E. Baccheschi, *Mobili intarsiati del sei- e settecento in Italia,* Mailand 1964
Barock am Bodensee. Plastik, Ausstellungskatalog, Bregenz 1964
M. Gallet, *Demeures parisiennes, l'époque de Louis XVI,* Paris 1964
W. Götz, *Deutsche Marställe des Barock,* München 1964
W. Hager und E. M. Wagner, *Barockplastik in Europa,* Frankfurt a. M. 1964
K. von Lorck, *Preußisches Rokoko,* Oldenburg 1964
E. Martini, *La pittura veneziana del settecento,* Venedig 1964
S. Rathke-Köhl, *Geschichte des Augsburger Goldschmiedegewerbes vom Ende des 17. bis zum Ende des 18. Jahrhunderts,* Augsburg 1964
K. M. Swoboda (Hg.), *Barock in Böhmen,* München 1964
M. Whinney, *Sculpture in Britain 1530–1830,* Harmondsworth 1964
H. Arndt, *Gartenzimmer des 18. Jahrhunderts,* Darmstadt 1965
H. Bauer, *Der Himmel im Rokoko. Das Fresko im deutschen Kirchenraum des 18. Jahrhunderts,* Regensburg 1965
G. B. Comandé, *Idee estetiche e architettura nel barocco siciliano,* Palermo 1965
E. Hempel, *Baroque Art and Architecture in Central Europe. Germany. Austria. Switzerland. Hungary. Czechoslovakia. Poland,* Harmondsworth 1965
J. W. McCoubrey, *American Art 1700–1900. Sources and Documents,* Eaglewood Cliffs (N. J.) 1965
A. Pedrini, *Ville dei secoli XVII e XVIII in Piemonte,* Turin 1965
T. Pignatti, *I disegni veneziani del settecento,* Venedig 1965
E. K. Waterhouse, *Three Decades of British Art 1740–1770,* Philadelphia (Pa.) 1965

R. Wittkower, *Art and Architecture in Italy 1600–1750,* Harmondsworth ²1965
L'arte del barocco in Boemia, Ausstellungskatalog, Mailand 1966
E. Berckenhagen, *Barock in Deutschland. Residenzen,* Ausstellungskatalog, Berlin 1966
K. Downes, *English Baroque Architecture,* London 1966
H.-P. Fourest, *L'œuvre de faïenciers français du 16e à la fin du 18e siècle,* Paris 1966
M. Hardic, *Water-Colour Painting in Britain.* Band 1: *The 18th Century,* London 1966
M. Krieger, *Die Ansbacher Hofmaler des 17. und 18. Jahrhunderts,* Ansbach 1966
Kunst und Geist Frankreichs im 18. Jahrhundert, Ausstellungskatalog, Wien 1966
M. Levey, *Rococo to Revolution. Major Trends in Eighteenth Century Painting,* London 1966
I. P. Mingwet, *Esthétique du rococo,* Paris 1966
E. Riccomini, *La scultura italiana del '700,* Mailand 1966
C. Semenzato, *La scultura veneta, del seicento e del settecento,* Venedig 1966
W. Tatarkiewicz, *O sztuce polskiej 17. i 18. wieku,* Warschau 1966
M. Windfuhr, *Die barocke Bildlichkeit und ihre Kritiker,* Stuttgart 1966
O. J. Blažíček, *Barockkunst in Böhmen,* Prag 1967
E. Börsch-Supan, *Garten-, Landschafts- und Paradiesmotive im Innenraum. Eine ikonographische Untersuchung,* Berlin 1967
A. Bonet Correa und V. Villegas, *El barroco en España y en Mexico,* Mexico City 1967
V. Branca, *Sensibilità e razionalità nel settecento,* Florenz 1967
A. Burgess, *The Age of the Grand Tour. France, Flanders, The United Provinces, Germany, Switzerland and Italy 1720 to 1820,* London 1967
B. Bushart, *Deutsche Malerei des 17. und 18. Jahrhunderts,* Königstein i. T. 1967
L. Danckert, *Handbuch des europäischen Porzellans,* München ²1967
M. H. von Freeden, *Fränkischer Barock,* München 1967
A. Griseri, *Le metamòrfosi del barocco,* Turin 1967
F. L. Heckley, *A Directory of Antique French Furniture 1735 to 1800,* New York 1967
W. Hentschel, *Die sächsische Baukunst des 18. Jahrhunderts in Polen,* 2 Bände, Berlin 1967
A. Lesur und Tardy, *Les porcellaines françaises,* Paris 1967
N. Lieb und F. Dieth, *Die Vorarlberger Barockbaumeister,* München ²1967
K. Maurice, *Die französische Pendule des 18. Jahrhunderts,* Berlin 1967
R. Pommer, *Eighteenth-Century Architecture in Piedmont. The Open Structures of Juvarra, Alfieri and Vittone,* New York 1967
O. Rosati, *La penetrazione dello spazio architettonico barocco,* Turin 1967
R. Rosenblum, *Transformations in Late 18th Century Art,* Princeton (N. J.) 1967
P. Verlet, *French Furniture and Interior Decoration of the 18th Century,* London 1967
P. Zampetti (Hg.), *I vedutisti veneziani del settecento,* Ausstellungskatalog, Venedig 1967

A. Blunt, *Sicilian Baroque*, London 1968
O. Ferrari, *Arazzi italiani del seicento e settecento,* Mailand 1968
France in the Eighteenth Century, Ausstellungskatalog, London 1968
R. Gunnis, *Dictionary of British Sculptors 1660–1851,* London 1968
W. Hager, *Barock. Architektur,* Baden-Baden 1968
H.-R. Hitchcock, *German Rococo. The Zimmermann Brothers,* London 1968
H.-R. Hitchcock, *Rococo Architecture in Southern Germany,* London 1968
E. Hubala, *Renaissance und Barock,* Frankfurt a. M. 1968
M. Preceruti Garberi, *Affreschi settecenteschi delle ville venete,* Mailand 1968
L. Tamburini, *Le chiese di Torino dal rinascimento al barocco,* Turin 1968
R. Tardito-Amerio, *Italienische Architekten, Stukkatoren und Bauhandwerker der Barockzeit in den welfischen Ländern und im Bistum Hildesheim,* Göttingen 1968
W. Buhl u. a., *Barock in Franken,* Würzburg 1969
W. Hager, *Barock. Skulptur und Malerei,* Baden-Baden 1969
M. Heffels, *Die Handzeichnungen des 18. Jahrhunderts (Die deutschen Handzeichnungen Band 4. Kataloge des Germanischen Nationalmuseums),* Nürnberg 1969
O. E. Holloway, *French Rococo Book Illustration,* London 1969
T. Poensgen, *Die Deckenmalerei in italienischen Kirchen,* Berlin 1969
G. Savage, *French Decorative Art 1638–1793,* London 1969
P. Zampetti, *Dal Ricci al Tiepolo,* Ausstellungskatalog, Venedig 1969
H. Busch und G. Edelmann (Hg.), *Barock,* Frankfurt a. M. 1970
A. Herbst, *Zur Ikonologie des barocken Kaisersaals,* Diss., Frankfurt a. M. 1970
H. Kreisel, *Die Kunst des deutschen Möbel.* Band 2: *Spätbarock und Rokoko,* München 1970
J. Neumann, *Das böhmische Barock,* Prag 1970
Painting in Italy in the 18th Century. Rococo to Romanticism, Ausstellungskatalog, Chicago (Ill.) 1970
J. S. Held und D. Posner, *17th and 18th Century Art. Baroque Painting, Sculpture, Architecture,* New York o. J. (ca. 1971)
E. Hubala, *Barock und Rokoko,* Stuttgart 1971
H. Keller, *Die Kunst des 18. Jahrhunderts,* Berlin 1971
J. Lauts, *Französische Bildnisse des 17. und 18. Jahrhunderts,* Karlsruhe 1971
S. Sitwell, *Spanish Baroque Art with Buildings in Portugal, Mexico and other Colonies,* New York 1971 (London 1931)
G. Eckardt, *Die Malerei des Rokoko,* Dresden 1972
P. Fritz und D. Williams (Hg.), *The Triumph of Culture. 18th Century Perspectives,* Toronto 1972
A. Hernandez, *Grundzüge einer Ideengeschichte der französischen Architekturtheorie von 1500 bis 1800,* Diss., Basel 1972
W. Kalnein und M. Levey, *Art und Architecture of the Eighteenth Century in France,* London 1972
P. E. Knabe, *Schlüsselbegriffe des kunsttheoretischen Denkens in Frankreich von der Spätklassik bis zum Ende der Aufklärung,* Düsseldorf 1972
A. Blunt, *Some Uses and Misuses of the Terms Baroque and Rococo as Applied to Architecture,* Oxford 1973

G. Cattavi, *Baroque et rococo,* Paris 1973
T. Davis, *Le mobilier rocaille et rococo,* Paris 1973
S. Ducret, *Keramik und Graphik des 18. Jahrhunderts. Vorlagen für Maler und Modelleure,* Braunschweig 1973
M. Marangoni, *Arte barocca,* Florenz 1973
J. Fowler und J. Cornforth, *English Decoration in the 18th Century,* London 1974
C. Norberg-Schulz, *Late Baroque and Rococo Architecture,* New York 1974. Deutsche Ausgabe: *Architektur des Spätbarock und Rokoko,* Stuttgart 1975
H. Wagner, *Barocke Festsäle in bayerischen Schlössern und Klöstern,* München 1974
A. Blunt, *Baroque and Rococo Architecture in Naples,* London 1975
A. Gambuti, *Il dibattito sull' architettura nel Settecento europeo,* Florenz 1975
G. Janneau, *Les ateliers parisiens d'ébénistes et de menuisiers aux XVIIe et XVIIIe siècles,* Paris 1975
T. Pignatti, *Rokoko,* München 1975
R. Wittkower, *Studies in the Italian Baroque,* London 1975
H. Bauer und B. Rupprecht, *Corpus der barocken Deckenmalerei in Deutschland,* München 1976 ff.
Band 1: *Freistaat Bayern. Regierungsbezirk Oberbayern. Die Landkreise Landsberg am Lech, Starnberg, Weilheim-Schongau,* München 1976
Band 2: *Freistaat Bayern. Regierungsbezirk Oberbayern. Die Landkreise Bad Tölz-Wolfratshausen, Garmisch-Partenkirchen, Miesbach,* München 1981
Band 3: *Freistaat Bayern. Regierungsbezirk Oberbayern. Stadt und Landkreis München.* Teil 1: *Sakralbauten,* München 1987. Teil 2: *Profanbauten,* München 1989
F. Bollino, *Teoria e sistema delle belle arti. Charles Batteux e gli esthéticiens del Sec. XVIII,* Bologna 1976
Le devoir d'embellir. Essai sur la politique d'embellissement à la fin de l'Ancien Régime, Nancy 1976
R. Enggas, *Early Eighteenth-Century Sculpture in Rome,* 2 Bände, University Park und London 1976
M. und F. Faré, *La vie silencieuse en France. La nature morte au XVIIIe siècle,* Fribourg 1976
V. Loers, *Rokokoplastik und Dekorationssysteme. Aspekte der süddeutschen Kunst und des ästhetischen Bewußtseins im 18. Jahrhundert,* München und Zürich 1976
J. Nicolay, *L'art et la manière des maîtres ébénistes français au XVIIIe siècle,* Paris 1976
P. Sica, *Storia dell' urbanistica.* Band 1: *Il Settecento,* Bari 1976
P. Truttmann, *Fortification, architecture et urbanisme aux XVIIe et XVIIIe siècles,* Thionville 1976
O. J. Blažíček, P. Preiss und D. Hejdová, *Kunst des Barock in Böhmen,* Recklinghausen 1977
J. R. Martin, *Baroque,* London 1977
M. Newman, *Die deutschen Porzellan-Manufakturen im 18. Jahrhundert,* 2 Bände, Braunschweig 1977

Nuove idee e nuova arte nel '700 italiano, Atti del convegno dell' Accademia Nazionale dei Lincei, 1975, Rom 1977
F. Souchal, *French Sculptors of the 17th and 18th Centuries. The Reign of Louis XIV,* 3 Bände, Oxford 1977–87
R. Zürcher, *Rokokoschlösser,* München 1977
De Bagatelle à Monceau. Les folies du XVIIIe siècle, Ausstellungskatalog, Paris 1978
A. Blunt (Hg.), *Baroque and Rococo. Architecture and Decoration,* London 1978. Deutsche Ausgabe: *Kunst und Kultur des Barock und Rokoko,* Freiburg u. a. 1979
M. Fagiolo Dell' Arco, *Barocco e Rococò,* Mailand 1978
W. Hansmann, *Baukunst des Barock. Form. Funktion. Sinngehalt,* Köln 1978
C. Hernmarck, *Die Kunst der europäischen Gold- und Silberschmiede von 1450 bis 1830,* München 1978
Jardins en France, 1760–1820, Ausstellungskatalog, Paris 1978
A. M. Kantor u. a., *Kunst des 18. Jahrhunderts,* Dresden und Moskau 1978
P. Kjellberg, *Le mobilier français,* 2 Bände, Paris 1978–80
J. Locquin, *La peinture d'histoire en France de 1747 à 1785,* Paris 1978 (Paris 1912)
G. Mabille, *Le style Louis XV,* Paris 1978
D. Wiebenson, *The Picturesque Garden in France,* Princeton (N. J.) 1978
L'arte del Settecento emiliano, Ausstellungskatalog, Bologna 1979
Le arti figurative a Napoli nel Settecento, Neapel 1979
R. Assunto, *Infinita contemplazione. Gusto e filosofia dell' Europa barocca,* Neapel 1979
E. Cyran, *Preußisches Rokoko,* Berlin 1979
A. Gambardella, *Architettura e committenza nello stato pontifico tra barocco e rococò,* Neapel 1979
L. Grassi, *Teorici e storia della Critica d'Arte. Il Settecento in Italia,* Rom 1979
W. Koschatzky, *Maria Theresia und ihre Zeit,* Salzburg und Wien 1979
U. Schiessl, *Rokokofassung und Materialillusion. Zur Polychromie der sakralen Ausstattungskunst des süddeutschen Rokoko, unter besonderer Berücksichtigung der Bildwerke,* Mittenwald 1979
F. Strazzullo, *Le manifatture d'arte di Carlo di Borbone,* Neapel 1979
L. Torti, *I presupposti teorici ed estetici del rococò italiano,* Pavia 1979
M. Wilson, *Eighteenth-Century French Painting,* Oxford 1979
L. Andersen, *Barock und Rokoko,* München 1980
H. Bauer, *Rokokomalerei. Sechs Studien,* Mittenwald 1980
G. Bazin, *Les palais de la foi. Le monde des monastères baroques. Italie. Pays Ibériques. France,* Fribourg und Paris 1980
A. Braham, *The Architecture of the French Enlightenment,* London 1980
T. Eggeling, *Studien zum friderizianischen Rokoko. Georg Wenceslaus von Knobelsdorff als Entwerfer von Innendekorationen,* Berlin 1980
La formation architecturale au dix-huitième siècle en France, Paris 1980
M. Fried, *Absorption and Theatricality. Painting and Beholder in the Age of Diderot,* Berkeley/Los Angeles/London 1980
G. Delogu, *L'architettura italiana del Seicento e del Settecento,* Bari 1980

E. Migliorini, *Studi sul pensiero estetico del Settecento. Crousaz. Dubos. André. Batteux. Diderot,* Florenz 1980
J. Rykwert, *The First Moderns. The Architects of the Eighteenth Century,* Cambridge und London 1980
P. Volk, *Münchener Rokokoplastik,* München 1980
Barock in Baden-Württemberg, Ausstellungskatalog Bruchsal, 2 Bände, Karlsruhe 1981
G. Bazin, *Les palais de la foi. Le monde des monastères baroques. Autriche. Allemagne et Suisse. Belgique. Russie orthodoxe,* Fribourg 1981
R. Berliner und G. Egger, *Ornamentale Vorlageblätter des 15. bis 19. Jahrhunderts,* 3 Bände, München 1981
P. Bradshaw, *18th Century English Porcelain Figures 1745–1795,* Woodbridge 1981
N. Bryson, *Word and Image. French Painting of the Ancien Régime,* Cambridge 1981
E. M. Bukdahl, *Diderot. Critique d'Art,* 2 Bände, Kopenhagen 1981–82
Ph. Conisbee, *Painting in Eighteenth-Century France,* Oxford 1981
I. Dennerlein, *Die Gartenkunst der Régence und des Rokoko in Frankreich,* Worms 1981
R. H. Foerster, *Das Barock-Schloß. Geschichte und Architektur,* Köln 1981
M. Jarry, *Chinoiserie. Chinese Influence on European Decorative Art. 17th and 18th Centuries,* New York und London 1981
C. Liebold, *Das Rokoko in ursprünglichen mittelalterlichen Kirchen des bayerischen Gebietes. Ein von maurinischem Denken geprägter Stil,* München 1981
W. von Niebelschütz, *Über Barock und Rokoko,* Frankfurt a. M. 1981
U. Spindler-Niros, *Farbigkeit in bayerischen Kirchenräumen des 18. Jahrhunderts,* Frankfurt a. M. 1981
P. Volk, *Rokokoplastik in Altbayern, Bayerisch-Schwaben und im Allgäu,* München 1981
A. Blunt, *Guide to Baroque Rome,* London u. a. 1982
A. von Buttlar, *Der englische Landsitz 1715–1760. Symbol eines liberalen Weltentwurfs,* Mittenwald 1982
R. Gräf, *Das Pastell im 18. Jahrhundert. Zur Vergegenwärtigung eines Mediums,* Diss., München 1982
A. Gruber, *L'argenterie de maison du XVIe au XIXe siècle,* Fribourg 1982
M. Hobson, *The Object of Art. The Theory of Illusion in Eighteenth-Century France,* Cambridge u. a. 1982
P. Jullian, *Le style Louis XVI,* Paris 1982
A. Nava Cellini, *La scultura del Settecento,* Turin 1982
J.-H. Pérouse de Montclos, *L'architecture à la française. XVIe, XVIIe, XVIIIe siècles,* Paris 1982
A. Schnapper (Hg.), *La scenografia barocca,* Atti del 24. Congresso Internazionale di Storia dell'Arte, Bologna 1982
D. Srnenská, *Französische Rokokographik,* Hanau 1982
Storia dell' arte italiana. 2. Teil: *Dal Medioevo al Novecento.* Band 2: *Dal Cinquecento all' Ottocento,* II. *Settecento e Ottocento,* Turin 1982

F. Strazzullo (Hg.), *Settecento Napoletano*, Neapel 1982
G. Beard, *Stucco and Decorative Plasterwork in Europe*, London 1983
Bildhauerkunst des 18. Jahrhunderts in Potsdam, Ausstellungskatalog, Potsdam-Sanssouci 1983
G. Brucher, *Barockarchitektur in Österreich*, Köln 1983
N. Carboneri, *Riflessioni sul barocco. Antologia di saggi ciritici*, Genua 1983
G. Haase, *Dresdener Möbel des 18. Jahrhunderts*, Leipzig 1983
W. Hansmann, *Gartenkunst der Renaissance und des Barock*, Köln 1983
K. Harries, *The Bavarian Rococo Church between Faith and Aestheticism*, New Haven und London 1983
G. Monnier, *Le pastel*, Genf 1983
G. Nocera (Hg.), *Il segno barocco. Testo e metafora di una civiltà*, Rom 1983
E. Ostländer, *Gemalte Plastik. Studien zur Rolle und Funktion der Skulptur in der französischen Malerei des 18. Jahrhunderts*, Diss., Köln 1983
U. Schiessl, *Techniken der Faßmalerei in Barock und Rokoko*, Worms 1983
L. Tavernier, *Das Problem der Naturnachahmung in den kunstkritischen Schriften Charles Nicolas Cochins d. J. Ein Beitrag zur Geschichte der französischen Kunsttheorie und Kunstkritik des 18. Jahrhunderts*, Hildesheim/Zürich/New York 1983
H. Wagner, *Bayerische Barock- und Rokokokirchen*, München 1983
Diderot et l'art de Boucher à David. Les salons: 1759–1781, Ausstellungskatalog, Paris 1984
N. Lieb, *Barockkirchen zwischen Donau und Alpen*, München [5]1984
La peinture de Langue d'oc. Aspects de la peinture dans les sociétés de Langue d'oc de 1700 à 1735, Ausstellungskatalog, Toulouse 1984
J.-M. Pérouse de Montclos, *›Les prix de Rome‹. Concours de l'Académie royale d'architecture au XVIIIe siècle*, Paris 1984
Rococo. Art and Design in Hogarth's England, Ausstellungskatalog, London 1984
Bayerische Rokokoplastik. Vom Entwurf zur Ausführung, Ausstellungskatalog, München 1985
G. Bonanno, *Il Barocco e Palermo*, Palermo 1985
Th. E. Crow, *Painters and Public Life in Eighteenth-Century Paris*, New Haven und London 1985
K. Gutkas (Hg.), *Prinz Eugen und das barocke Österreich*, Salzburg und Wien 1985
K. Harrington, *Changing Ideas on Architecture in the Encyclopédie 1750–1776*, Ann Arbour (Mich.) 1985
S. Jones, *The Eighteenth Century*, Cambridge u. a. 1985
K. Kalinowski (Hg.), *Studien zur europäischen Barock- und Rokokoskulptur*, Posen 1985
F. Moreno Cuardo, *Artistas y mentores de barroco efimero*, Córdoba 1985
S. Roche, G. Courage und P. Devinoy, *Spiegel. Spiegelgalerien, Spiegelkabinette, Hand- und Wandspiegel*, Tübingen 1985
G. C. Argan, *Immagine e persuasione. Saggi sul barocco*, Mailand 1986
J.-P. Babelon, *Le château en France*, Paris 1986
Barock in Dresden, Ausstellungskatalog Essen, Leipzig 1986

S. Boscarino, *Sicilia barocca. Architettura e città 1610–1760*, Rom 1986
Y. Bottineau, *L'Art baroque*, Paris 1986. Deutsche Ausgabe: *Die Kunst des Barock*, Freiburg u. a. 1986
C. Buci-Glucksmann, *La Folie du voir. De l'esthétique baroque*, Paris 1986
Citti Siracusano (Hg.), *La pittura del Settecento in Sicilia*, Rom 1986
M. Dennis, *Court and Garden. From the French Hotel to the City of Modern Architecture*, Cambridge und London 1986
G. Ehret, *Deutsche Möbel des 18. Jahrhunderts. Barock. Rokoko. Klassizismus.* München 1986
Empfindung und Reflexion. Ein Problem des 18. Jahrhunderts, herausgegeben von H. Körner u. a., Hildesheim/Zürich/New York 1986
A. González-Palacios, *Il tempio del gusto. Le arti decorative in Italia fra classicismi e barocco. Il granducato di Toscana e gli stati settentrionali*, 2 Bände, Mailand 1986
C. Hind (Hg.), *The Rococo in England*, London 1986
U. Schütte, *Ordnung und Verzierung. Untersuchungen zur deutschsprachigen Architekturtheorie des 18. Jahrhunderts*, Braunschweig und Wiesbaden 1986
J. Summerson, *The Architecture of the Eighteenth Century*, New York 1986. Deutsche Ausgabe: *Die Architektur des 18. Jahrhunderts*, Stuttgart 1987
J. Varriano, *Italian Baroque and Rococo Architecture*, New York und Oxford 1986
P. Volk (Hg.), *Entwurf und Ausführung in der europäischen Barockplastik*, München 1986
J.-L. Baritou und D. Foussard (Hg.), *Chevotet–Contant–Chaussard. Un cabinet d'architectes au siècle des lumières*, Paris 1987
A. Boime, *Art in the Age of Revolution 1750–1800*, Chicago und London 1987
P. Cabanne, *L'art du XVIIIe siècle*, Paris 1987
S. Eriksen und G. de Bellaigue, *Sèvres Porcelain. Vincennes and Sèvres 1740–1800*, London und Boston 1987
B. Hamacher, *Entwurf und Ausführung in der süddeutschen Freskomalerei des 18. Jahrhunderts*, München 1987
P. Hawel, *Der spätbarocke Kirchenbau und seine theologische Bedeutung. Ein Beitrag zur Ikonologie der christlichen Sakralarchitektur*, Würzburg 1987
I. Lauterbach, *Der französische Garten am Ende des Ancien Régime. »Schöne Ordnung« und »geschmackvolles Ebenmaß«*, Worms 1987
B. G. B. Pallot, *L'art du siège au XVIIIe siècle en France*, Paris 1987
M. Saudan, *De folies en folies. La découverte du monde des jardins*, Genf 1987
U. Westfehling, *Rokoko und Revolution. Französische Druckgraphik des späten 18. Jahrhunderts*, Köln 1987
P. Felder, *Barockplastik der Schweiz*, Basel und Stuttgart 1988
J. Feray, *Architecture intérieure et décoration en France des origines à 1875*, Paris 1988
P. Minguet, *France baroque*, Paris 1988
H. Schnell und U. Schedler, *Lexikon der Wessobrunner Künstler und Handwerker*, München und Zürich 1988
G. Sestieri, *La Pittura del Settecento*, Turin 1988

J. Starobinski, *Die Erfindung der Freiheit 1700–1789,* Frankfurt a. M. 1988
W. Buhl (Hg.), *Franken im Rokoko,* München 1989
J. Montagu, *Roman Baroque Sculpture. The Industry of Art,* New Haven und London 1989
H. Schindler (Hg.), *Bayern im Rokoko. Aspekte einer Epoche im Umbruch,* München 1989
R. Stalla, *Die kurkölnische Bruderschafts-, Ritterordens- und Hofkirche St. Michael in Berg am Laim. Ein Hauptwerk des süddeutschen Rokoko,* Weißenhorn 1989

Verzeichnis der Abbildungen

Farbtafeln

1 François Boucher
Der Triumph der Venus, 1740
Öl auf Leinwand, 130×162 cm
Stockholm, Nationalmuseum

2 Antoine Pesne
Damen und Kavaliere in märkischer Landschaft, 1745
Rötel und Tuschpinsel, 44,9×34,1 cm
Berlin, Staatliche Museen Preußischer Kulturbesitz, Kupferstichkabinett

3 Etienne-Maurice Falconet
Madame de Pompadour als Taubenvenus, um 1763
Marmor, Höhe 75,1 cm
Washington D.C., National Gallery of Art, Samuel H. Kress Collection

4 Nicolas Lancret
Der Winter, 1738
Öl auf Leinwand, 68×89 cm
Paris, Louvre

5 Jean-Baptiste-Siméon Chardin
Knabe mit Kreisel, 1738
Öl auf Leinwand, 67×76 cm
Paris, Louvre

6 Schloß Sanssouci, Potsdam
Chinesisches Teehaus, 1754–64
Architekt: Johann Gottfried Büring

7 Hubert Gravelot
Illustration aus: Jean Boccace (Giovanni Boccaccio), *Le Décaméron,* traduit par Le Mâcon, Londres (Paris) 1751–61, 8°
Schweinfurt, Bibliothek Otto Schäfer (Sammlung Fürstenberg)

8 Jean-Baptiste Greuze
Die Dorfbraut, 1761
Öl auf Leinwand, 92×117 cm
Paris, Louvre

9 Pierre-Antoine Baudouin
Die Brautnacht, 1767
Kupferstich von Jean-Michel Moreau d. J. (1741–1814)

10 Jean-Honoré Fragonard
Les jets d'eau, um 1765/70
Tuschpinsel laviert über Bleistift, 26,5×38,5 cm
Williamstown (Mass.), Sterling and Francine Clark Art Institute

11 Juste-Aurèle Meissonnier
Kartusche
Kupferstich
Aus: *Livre d'ornemens,* Paris 1734

12 Jacques de Lajoue
Fontaine glacée
Radierung
Aus: *Livre nouveau de divers morceaux de fantaisie,* Paris 1736

13 François Boucher (Entwurf)
Die Entführung der Europa, 1765
Manufaktur Beauvais
Bildwirkerei in Seide und Wolle, 446×471 cm
Berlin, Staatliche Museen Preußischer Kulturbesitz, Kunstgewerbemuseum

14 Robert Le Lorrain
Die Tränke der Sonnenrosse Apollos, 1731–38
Hochrelief
Paris, Hôtel de Rohan, Portal des Marstalls

15 Charles Cressent
Kommode, Paris, um 1730
Rosenholz mit Einlegearbeit, Bronze vergoldet, 93×159×66 cm
München, Residenz
Bayerische Verwaltung der staatlichen Schlösser, Gärten und Seen

16 Antoine Watteau
Das Firmenschild des Kunsthändlers Gersaint, 1721
Öl auf Leinwand, 150×163 und 154×163 cm
Berlin, Schloß Charlottenburg
Verwaltung der staatlichen Schlösser und Gärten

17 Antoine Watteau
Gilles, um 1717/19
Öl auf Leinwand, 184×149 cm
Paris, Louvre

18 Jacques-Antoine Derome
Zitronengelber Maroquinband, um 1750
Goldpunktierung, roter, weißer und olivgrüner Mosaikschmuck

Teatro Jesuitico, Coimbre 1654, 4°
Aix-en-Provence, Bibliothèque Méjanes

19 François de Cuvilliés
Kartusche
Kupferstich
Frontispiz des *Livre de cartouches,* München 1738

20 Jean Mondon
Kartusche
Kupferstich
Aus: *Premier livre de formes rocailles et cartels,* Paris, um 1736

21 Hôtel de Toulouse, Paris
Galerie dorée, 1718ff.
Dekoration: François-Antoine Vassé

22 Hôtel d'Assy, Paris
Salon, 1719
Dekoration: Gilles-Marie Oppenord
Kupferstich
Illustration aus dem sog. *Grand Oppenord,* Paris 1748, Nr. LXIV

23 Hôtel de Matignon, Paris 1720ff.
Grundriß

24 Palais-Bourbon, Paris, 1720ff.
Grundriß

25 Hôtel de Lassay, Paris, 1720ff.
Grundriß

26 Juste-Aurèle Meissonnier
Entwurf für eine Terrine
Kupferstich
Aus: *Œuvre de Juste-Aurèle Meissonnier,* Paris o. J. (um 1750), Nr. 62, Folio 24

27 Hôtel de Matignon, Paris
Antichambre, um 1731
Dekoration: Nicolas Pineau (?)

28 Hôtel de Villars, Paris
Galerie, 1733
Dekoration: Nicolas Pineau
Kupferstich

Illustration aus: Jacques-François Blondel, *Cours d'architecture* ..., Paris 1771–77

29 Hôtel de Soubise, Paris
Salon ovale, 1738–40
Dekoration: Gabriel-Germain Boffrand

30 Petit Trianon, Versailles, 1762–68
Hauptfassade
Architekt: Jacques-Ange Gabriel

31 Petit Trianon, Versailles, 1762–68
Grundriß

32 Jean-Honoré Fragonard
Der Liebesschwur, um 1780/88
Öl auf Holz, 24×32,5 cm
Paris, Louvre

33 François-Antoine Vassé
Entwurf für den Hochaltar von Notre-Dame, 1712
Zeichnung, laviert
Paris, Bibliothèque Nationale, Cabinet des Estampes

34 Edme Bouchardon
Fontaine de Grenelle (Fontaine des Quatre-Saisons), 1739–46
Paris, Rue de Grenelle

35 Edme Bouchardon
Amor schnitzt seinen Bogen aus der Keule des Herkules, um 1739/50
Marmor, Höhe 173 cm
Paris, Louvre

36 Franz Anton Bustelli
Leda, um 1760
Manufaktur Nymphenburg
Porzellan, bemalt, Höhe 19,9 cm
München, Bayerisches Nationalmuseum

37 Johann Wilhelm Lanz
Die Toilette der Venus, um 1760
Manufaktur Frankenthal
Porzellan, bemalt, Höhe 55 cm
München, Residenz
Bayerische Verwaltung der staatlichen Schlösser, Gärten und Seen

38 Nach Etienne-Maurice Falconet
Die Badende, um 1755/57
Manufaktur Sèvres
Biskuitporzellan, unbemalt, Höhe 35 cm
Sèvres, Musée National de Céramique

39 Giovanni Battista Tiepolo
Capriccio
Radierung
Aus: *Vari Capricci*, 1749

40 Giovanni Battista Piranesi
Gondel, um 1740/50
Feder laviert über schwarzer Kreide, 29,6×68,3 cm
New York, The Pierpont Morgan Library, Bequest and Gift of Henry S. Morgan

41 Amalienburg im Park von Schloß Nymphenburg, München, 1734–39
Spiegelsaal
Architekt: François de Cuvilliés

42 Gartenanlage, Stowe (Bucks.)
Kupferstich
Gestaltung: William Kent u. a.
Plan aus: Sarah Bridgeman, *Views of Stowe ...*, 1739, Plate I

43 Thomas Chippendale
Entwurf für einen Bücherschrank, 1753
Aus: *The Gentleman and Cabinet-Maker's Director*, 3. Auflage, London 1762, Nr. CX

44 Thomas Gainsborough
Bildnis Mr. und Mrs. Andrews, um 1750
Öl auf Leinwand, 69,8×119,4 cm
London, National Gallery

45 William Hogarth
Die Dienerschaft, um 1750/55
Öl auf Leinwand, 62×75 cm
London, Tate Gallery

46 William Hogarth
Der Statuenhof
Kupferstich und Radierung
Illustration für: *The Analysis of Beauty*, London 1753, Plate I

47 Kartause, Granada
Sakristei, 1730–47
Architekt: Francisco Hurtado Izquierdo

48 Kathedrale, Santiago de Compostela
Westfassade, 1738–49
Architekt: Fernando de Casas y Nóvoa

49 Francisco José de Goya y Lucientes
Das Picknick, 1776
Tapisseriekarton, Öl auf Leinwand, 272×295 cm
Madrid, Prado

50 Francesco Guardi
Lagune mit Ruinen, um 1780
Öl auf Leinwand, 37×26 cm
London, National Gallery

51 Giovanni Paolo Pannini
Die Piazza Navona in Rom, 1756
Öl auf Leinwand, 96×136 cm
Hannover, Niedersächsische Landesgalerie

52 Schloß Caserta bei Neapel, 1752–72
Prunktreppe mit Oktogon im Obergeschoß
Architekt: Luigi Vanvitelli

53 Villa Palagonia, Bagheria bei Palermo, 1715 ff.
Gartenfront
Architekten: Maria Tommaso Napoli und Agatino Daidone

54 Jagdschloß Stupinigi bei Turin, 1729–33
Ehrenhof
Architekt: Filippo Juvara

55 Jagdschloß Stupinigi bei Turin, 1729–33
Grundriß

56 Giuseppe Galli-Bibiena
Bühnenbild zu *Sirita,* Oper von Antonio Caldara und Apostolo Zeno, aufgeführt im Theater des Schlosses Favorita bei Wien, 30. 8. 1719
Kupferstich von Johann Andreas Pfeffel, 1740
München, Deutsches Theatermuseum

57 Oberes Belvedere, Wien, 1721–23
Hauptfassade
Architekt: Johann Lukas von Hildebrandt

58 Schloß Weißenstein bei Pommersfelden, 1712–18
Treppenhaus mit Deckenfresko von Johann Rudolf Byss (1660–1738)
Entwurf des Treppenhauses: Johann Lukas von Hildebrandt

59 Residenz, Würzburg
Treppenhaus (1737–39) mit Fresko von Giovanni Battista Tiepolo (1751–53)
Entwurf des Treppenhauses (1735): Balthasar Neumann

60 Balthasar Neumann (Büro)
Längsschnitt durch den Mittelbau der Würzburger Residenz mit Treppenhaus und Weißem Saal, um 1743
Feder laviert über Blei, Aquarell, 46,6×70,8 cm
Berlin, Staatliche Museen Preußischer Kulturbesitz, Kunstbibliothek

61 Wallfahrtskirche Vierzehnheiligen, 1743–72
Grundriß

62 Wallfahrtskirche Vierzehnheiligen, 1743–72
Inneres mit Nothelferaltar von Johann Jakob Michael Küchel (um 1768–70)
Architekt: Balthasar Neumann

63 Schloß Clemenswerth bei Sögel, 1736–50
Gesamtansicht
Architekt: Johann Conrad Schlaun

64 Schloß Wilhelmstal, Kassel, 1753ff.
Hauptfassade
Entwurf: François de Cuvilliés

65 Amalienburg im Park von Schloß Nymphenburg, München, 1734–39
Hauptfassade
Architekt: François de Cuvilliés

66 Amalienburg im Park von Schloß Nymphenburg, München, 1734–39
Grundriß

67 Schloß Augustusburg, Brühl
Treppenhaus, 1743–48
Entwurf des Treppenhauses (1740–41): Balthasar Neumann

68 Schloß Ludwigsburg, 1704 ff.
Gesamtansicht
Architekt: Donato Frisoni (ab 1714)

69 Schloß Sanssouci, Potsdam, 1744–47
Ansicht mit Weinberg
Architekt: Georg Wenceslaus von Knobelsdorff

70 Schloß Sanssouci, Potsdam
Blumenzimmer, 1752–53
Dekoration: Johann Christian Hoppenhaupt

71 Ferdinand Dietz
Der Herbst, 1765
Sandstein, Höhe 175 cm
Verschollen

72 Franz Anton Maulpertsch
Die Heilige Sippe, um 1752/53
Öl auf Leinwand, 127×90 cm
Wien, Österreichische Galerie

73 Abteikirche, Zwiefalten, 1739–65
Chorkuppeln mit Fresken von Franz Joseph Spiegler (1741–51)
Architekt: Johann Michael Fischer (ab 1741)

74 Dominikus Zimmermann
Entwurf für die Dekoration des Wies-Chores (Südseite), um 1744/48
Feder mit Rottönungen, 33×24 und 27×22 cm
Weilheim, Stadtmuseum

75 Wieskirche, Wies, 1745–54
Grundriß

Register

Namenregister

Objektregister

Fotonachweis

Rolf Agte u. a., *Das große Lexikon der Graphik. Künstler, Techniken, Hinweise für Sammler,* Braunschweig 1984, S. 75: Abb. 39
Jörg P. Anders, Berlin: Ft. 5, Abb. 2
Ausst.-Kat. *Europäisches Rokoko. Kunst und Kultur des 18. Jahrhunderts,* Münchener Residenz, 15. 6.–15. 9. 1958, München 1958: Abb. 18
Gabriele Baldini und Gabriele Mandel, *L'opera completa di William Hogarth pittore,* Mailand 1967: Abb. 46
Max Baur, Aschau: Abb. 6, 69
Bayerische Verwaltung der staatlichen Schlösser, Gärten und Seen, München: Abb. 15, 37
Bayerisches Nationalmuseum, München: Abb. 36
Bibliothèque Nationale, Paris: Abb. 33
Bildarchiv Foto Marburg: Abb. 34, 70
Bildarchiv Preußischer Kulturbesitz, Berlin: Abb. 13 (Foto: Bartsch)
Jacques-François Blondel, *Cours d'architecture ...*, Paris 1771–77: Abb. 28
Albert Breiteneicher, Schweinfurt: Abb. 7
British Library, London: Abb. 42
Thomas Chippendale, *The Gentleman and Cabinet-Maker's Director,* London [3]1762. Neudruck New York 1966, Nr. CX: Abb. 43
Clark Art Institute, Williamstown (Mass.) © 1991: Abb. 10
H. Courtant, *Le Palais-Bourbon au XVIIIe siècle,* Paris 1905: Abb. 24, 25
François de Cuvilliés, *Livre de cartouches,* München 1738, Frontispiz: Abb. 19
Deutsches Theatermuseum, München: Abb. 56
DuMont Buchverlag, Köln: Abb. 52, 54, 55, 61, 66, 67, 75
Max H. von Freeden und Carl Lamb, *Das Meisterwerk des Giovanni Battista Tiepolo. Die Fresken der Würzburger Residenz,* München 1956, Abb. 2: Abb. 60
Gazette des Beaux-Arts, XIII, 1935: Abb. 23
Hamburger Kunsthalle, Hamburg (© Elke Walford): Frontispiz
Wilfried Hansmann, Bonn-Oberkassel: Abb. 30, 31
Wilhelm Hausenstein, *Rokoko. Französische und deutsche Illustratoren des 18. Jahrhunderts,* München 1958: Abb. 9
Fiske Kimball, *The Creation of the Rococo Decorative Style,* New York 1980: Abb. 27
Kinkelin, Worms (Fridmar Damm): Abb. 64
Jacques de Lajoue, *Livre nouveau de divers morceaux de fantaisie,* Paris 1736: Abb. 12
Foto Löbl-Schreyer, Bad Tölz-Ellbach: Abb. 59, 62, 73
Luftbild Brugger GmbH, Stuttgart (Freigabe-Nr. 2/6844): Abb. 68
Juste-Aurèle Meissonnier, *Livre d'ornemens,* Paris 1734: Abb. 11
Œuvre de Juste-Aurèle Meissonnier, Paris o. J. (um 1750), Nr. 62, Folio 24: Abb. 26

Jean Mondon, *Premier livre de formes rocailles et cartels,* Paris, um 1736: Abb. 20
Museo del Prado, Madrid: Abb. 49
National Gallery, London: Abb. 44, 50
National Gallery of Art, Washington D. C.: Abb. 3
Werner Neumeister, München: Abb. 41, 47, 53, 57, 65
Niedersächsische Landesgalerie, Hannover: Abb. 51
Niedersächsischer Minister für öffentliche Arbeiten, Hannover (Freigabe-Nr. 314/88): Abb. 63
Österreichische Galerie, Wien: Abb. 72
Gilles-Marie Oppenord, *Grand Oppenord,* Paris 1748, Nr. LXIV: Abb. 22
Photo-Gundermann, Würzburg: Abb. 58, 71
Pierpont Morgan Library, New York: Abb. 40
Réunion des Musées Nationaux, Paris: Ft. 4, Abb. 4, 5, 8, 17, 32, 35, 38
H. Roger-Viollet, Paris: Abb. 14 (Foto: Harlinge-Viollet), 21, 29
Marco Schneiders, Lindau: Ft. 6, 7
Toni Schneiders, Lindau: Abb. 48
Stadtmuseum, Weilheim: Abb. 74
Statens Konstmuseer, Stockholm: Abb. 1
Tate Gallery, London: Abb. 45
Verwaltung der staatlichen Schlösser und Gärten, Berlin: Ft. 2, Abb. 16 (Foto: Jörg P. Anders)
Wallace Collection, London: Umschlagabbildung, Ft. 1, 3

DuMont Taschenbücher

Stand Herbst '91

Band 2
Horst W. und Dora Jane Janson
Malerei unserer Welt

Band 3
August Macke – Die Tunisreise

Band 4 Uwe M. Schneede
René Magritte

Band 6 Karin Thomas
DuMont's kleines Sachwörterbuch zur Kunst des 20. Jahrhunderts

Band 8 Christian Geelhaar
Paul Klee

Band 13 Joseph-Émile Muller
DuMont's kleines Lexikon des Expressionismus

Band 14 Jens Christian Jensen
Caspar David Friedrich

Band 15 Heijo Klein
DuMont's kleines Sachwörterbuch der Drucktechnik und grafischen Kunst

Band 18 Horst Richter
Geschichte der Malerei im 20. Jahrhundert

Band 23 Horst Keller
Marc Chagall

Band 25 Gabriele Sterner
Jugendstil

Band 26 Jens Christian Jensen
Carl Spitzweg

Band 28 Hans Holländer
Hieronymus Bosch

Band 30
Johannes Pawlik (Hrsg.)
Malen lernen

Band 31 Jean Selz
DuMont's kleines Lexikon des Impressionismus

Band 32 Uwe M. Schneede
George Grosz

Band 33 Erwin Panofsky
Sinn und Deutung in der bildenden Kunst

Band 35 Evert van Uitert
Vincent van Gogh

Band 37 Bob Haak
Rembrandt

Band 38 Ingeborg Tetzlaff
Romanische Kapitelle in Frankreich

Band 39 Joost Elffers (Hrsg.)
DuMont's Kopfzerbrecher
TANGRAM

Band 40 Walter Pach
Auguste Renoir

Band 44 Fritz Baumgart
DuMont's kleines Sachlexikon der Architektur

Band 47 Paul Vogt
Der Blaue Reiter

Band 56 Ingeborg Tetzlaff
Romanische Portale in Frankreich

Band 59 Hugo Munsterberg
Zen-Kunst

Band 65 Harald Küppers
Das Grundgesetz der Farbenlehre

Band 66 Sam Loyd/
Martin Gardner (Hrsg.)
Mathematische Rätsel und Spiele

Band 69 Erich Burger
Norwegische Stabkirchen

Band 70 Ernst H. Gombrich
Kunst und Fortschritt

Band 73 Gabriele Sterner
Barcelona: Antoni Gaudi

Band 74 Eckart Kleßmann
Die deutsche Romantik

Band 77 Wolfgang Hainke
Siebdruck

Band 78 Wilhelm Rüdiger
Die gotische Kathedrale

Band 83
Ekkehard Kaemmerling (Hrsg.)
Bildende Kunst als Zeichensystem 1

Band 84 Hermann Leber
Plastisches Gestalten

Band 85 Sam Loyd/
Martin Gardner (Hrsg.)
Noch mehr mathematische Rätsel und Spiele

Band 88 Thomas Walters (Hrsg.)/
Gabriele Sterner
Jugendstil-Graphik

Band 90 Ernesto Grassi
Die Theorie des Schönen in der Antike

Band 91 Hermann Leber
Aquarellieren lernen

Band 93
Joost Elffers/Michael Schuyt
Das Hexenspiel

Band 95 Karl Hennig
Japanische Gartenkunst

Band 99 Bernd Fischer
Wasserburgen im Münsterland

Band 101 Felix Freier
Fotografieren lernen – Sehen lernen

Band 103 Kurt Badt
Die Farbenlehre van Goghs

Band 112 Alexander Adrion
Die Kunst zu zaubern

Band 114 Peter-T. Schulz
Der Kuckuck und der Esel

Band 115 Angelika Hofmann
Ton

Band 117 Rosario Assunto
Die Theorie des Schönen im Mittelalter

Band 123 Fritz Winzer
DuMont's Lexikon der Möbelkunde

Band 124 Walter Dohmen
Die Lithographie

Band 127 Peter-T. Schulz
Rapunzel

Band 128 Lu Bro
Wie lerne ich Zeichnen

Band 130
Bettina Gruber/Maria Vedder
DuMont's Handbuch der Video-Praxis

Band 131
Anneliese und Peter Keilhauer
Die Bildsprache des Hinduismus

Band 133 Barbara Salberg-Steinhardt
Die Schrift:
Geschichte – Gestaltung – Anwendung

Band 135 Karlheinz Schüssler
Die ägyptischen Pyramiden

Band 137 Nikolaus Pevsner
Wegbereiter moderner Formgebung

Band 139 Peter-T. Schulz
Guten Tag! Eine Gulliver-Geschichte

Band 142 Rudolf Wittkower
Allegorie und der Wandel der Symbole in Antike und Renaissance

Band 143 Martin Warnke (Hrsg.)
Politische Architektur

Band 144 Miriam Magall
Kleine Geschichte der jüdischen Kunst

Band 145 James F. Fixx
Rätsel und Denkspiele mit Seitensprung

Band 146
Rose-Marie und Rainer Hagen
Meisterwerke europäischer Kunst
als Dokumente ihrer Zeit erklärt

Band 148 Renée Violet
Kleine Geschichte der japanischen Kunst

Band 149 Lawrence Treat
Detektive auf dem Glatteis

Band 150
Alexandra Lavizzari-Raeuber
Thangkas

Band 156 Herbert Alexander Stützer
Kleine Geschichte der römischen Kunst

Band 157 Paul Maenz
Die 50er Jahre

Band 159 Anita Rolf
Kleine Geschichte der chinesischen Kunst

Band 160 Felix Freier/
Norbert Sarrazin
Fotos: Selbst entwickeln – Selbst vergrößern

Band 163 Harald Küppers
Die Farbenlehre der Fernseh-, Foto- und Drucktechnik

Band 164 Nora Gallagher
Wohnzimmerspiele – alt und neu

Band 167 Eckhard Neumann (Hrsg.)
Bauhaus und Bauhäusler

Band 170 Hans Sedlmayr
Die Revolution der modernen Kunst

Band 171 Ernst H. Gombrich
Eine kurze Weltgeschichte für junge Leser

Band 173 Eve-Marie Helm
555 Teekessel

Band 174
Abbie Salny/Marvin Grosswirth
Phantastische Mensa-Rätsel

Band 177 Vittorio Lampugnani
Architektur als Kultur

Band 178 Michael Koulen
Go

Band 181 Stephan Schmidt-Wulffen
Spielregeln

Band 182 Martin Schuster
Kunsttherapie

Band 184 Wilfried Hansmann
Balthasar Neumann

Band 185 Manfred Görgens
Kleine Geschichte der indischen Kunst

Band 188 Ralph Tegtmeier
Tarot

Band 190 Peter Bolz/Bernd Peyer
Indianische Kunst Nordamerikas

Band 191
Abbie Salny/Marvin Grosswirth
Das endgültige Mensa-Quiz-Buch

Band 193 Gerald Kahan
$E = mc^2$

Band 194 Bernhard Streck (Hrsg.)
Wörterbuch der Ethnologie

Band 195 Wolfgang Hautumm
Die griechische Skulptur

Band 197 Andreas Mäckler (Hrsg.)
Was ist Kunst . . .?

Band 198
Veruschka Bódy/Peter Weibel (Hrsg.)
Clip, Klapp, Bum

Band 199 Ingeborg Tetzlaff
Romanische Engelsgestalten in Frankreich

Band 200 Peter-T. Schulz
Ein Glück!

Band 201 Ernst Kitzinger
Kleine Geschichte der frühmittelalterlichen Kunst

Band 203 Wolfgang Müller
Kleine Geschichte der altamerikanischen Kunst

Band 205 Joachim Knuf
Unsere Welt der Farben

Band 206 Peter Sager
Unterwegs zu Künstlern und Bildern

Band 211 Marion Milner
Zeichnen und Malen ohne Scheu: Ein Weg zur kreativen Befreiung

Band 213 Scot Morris
Rätsel für Denker und Tüftler

Band 214 Karlheinz Schüssler
Kleine Geschichte der ägyptischen Kunst

Band 218 Joachim Petsch
Eigenheim und gute Stube

Band 219 Till Förster
Kunst in Afrika

Band 220 H. A. Ripley
»Wer ist der beste Detektiv?«

Band 221 Johannes Stahl
An der Wand

Band 222 Herbert Alexander Stützer
Ravenna und seine Mosaiken

Band 223 Rolf Harris
Cartoon-Zeichnen leicht gemacht

Band 224 Jochen Maes
Fahrradsucht

Band 225 Erwin Panofsky
Gotische Architektur und Scholastik

Band 226 Richard Kostelanetz
John Cage im Gespräch

Band 227 Oskar Bätschmann
Entfernung der Natur

Band 228 Otto J. Brendel
Was ist römische Kunst?

Band 229 Uwe Springfeld
Schreibspiele

Band 230 Kasimir Malewitsch
Suprematismus – Die gegenstandslose Welt

Band 231 Andreas Mäckler/
Christiane Schäfers (Hrsg.)
Was ist der Mensch . . .?

Band 232 Martin Kuckenburg
Die Entstehung von Sprache und Schrift

Band 233 Peter-T. Schulz
Erleben ist alles

Band 234 Gerhard Kebbel
DuMont's verblüffendes Fremdwörterbuch

Band 235
Hans-Thomas Gosciniak (Hrsg.)
Kleine Geschichte der islamischen Kunst

Band 236 Klaus Eid/Hakon Ruprecht
Collage und Collagieren

Band 237 Andreas Verstappen
Waechters Erzählungen

Band 238 Michael Jäger
Die Theorie des Schönen in der Italienischen Renaissance

Band 239 William C. Seitz
Claude Monet

Band 240
Cristina Perincioli/
Cillie Rentmeister
Computer und Kreativität

Band 241 Internationales Design
Zentrum Berlin (Hrsg.)
Energien gestalten

Band 242
Dan Ritchard/
Kathleen Moloney
Die Kunst des Bauchredens

Band 243 Michael Holt
3 x 3 = 9?

Band 244 Felix Thürlemann
Vom Bild zum Raum

Band 245 Ralph Tegtmeier
Sternenglaube – Sternenzauber

Band 246 Günter Spitzing
Athos

Band 247
Esther und Klaus Gallwitz (Hrsg.)
Rußlandbilder

Band 248 Kai-Uwe Hemken
El Lissitzky

Band 249 Andreas Franzke
Dubuffet

Band 250 Evi Melas
Delphi

Band 251 Ulrich Vielmuth
Lexikon für Videofilmer

Band 252 Andreas Mäckler
Anthroposophie und Malerei

Band 253
Marco Meirovitz/Paul I. Jacobs
Visuelles Denken

Band 254
Christian W. Thomsen (Hrsg.)
Aufbruch in die Neunziger

Band 255 Franziska Ehmcke
Der japanische Tee-Weg

Band 256 Johann N. Schmidt
Wolken-Kratzer

Band 257
Edith Decker/Peter Weibel (Hrsg.)
Vom Verschwinden der Ferne

Band 258 Friedhelm W. Fischer
Max Beckmann

Band 259 Winfried Hönes
Was ist Glück . . .?

Band 260 Walter Kugler
Rudolf Steiner und die Anthroposophie

Band 261 Herbert Alexander Stützer
Frühchristliche Kunst in Rom

Band 262 Horst Gatermann
Die Osterinsel

Band 263 Hajo Düchting
Franz Marc

Band 264
Joachim Heusinger von Waldegg
Jame Ensor

Band 265 Jutta Ströter-Bender
Zeitgenössische Kunst der ›Dritten Welt‹

Band 266 Wolfgang Walenski
Der Offsetdruck

Band 267 Christa Murken-Altrogge
Paula Modersohn-Becker

Band 268 George Michell
Der Hindu-Tempel

Band 269 Klaus Urbons
Copy Art

Band 270 Hans Gekeler
Taschenbuch der Farbe

Band 271 Gustav Vriesen
Robert Delaunay

Band 272 Burchard Brentjes
Die Kunst der Mauren

Band 273 Hermann Bauer/
Hans Sedlmayr
Rokoko

Band 274 Harald Küppers
Schule der Farben